2024 제27회 시험대비 전면개정판

박문각 주택관리사

핵심요약집 1차
민 법

설신재 외 박문각 주택관리연구소 편

50년 시간이 만든 합격비결
합격 노하우가 다르다!

박문각

박문각
주택관리사
핵심요약집

이 책의 머리말

안녕하세요. 주택관리사를 꿈꾸는 수험생 여러분!

제26회 주택관리사(보) 시험이 지난 지 얼마 되지 않은 것 같은데, 벌써 제27회 주택관리사(보) 시험을 준비하고 있습니다.

제27회 주택관리사(보) 민법 시험은 작년 또는 예년만큼 어려울 것으로 예상됩니다.

본서는 그동안 기본서 및 문제풀이 과정에서 다루었던 것들을 중심으로 가장 기본적이면서도 시험에 출제될 가능성이 높은 것들만을 모아 정리하여 출간하게 되었습니다.

시험이 하루하루 다가오는 시간에 핵심요약집으로 아는 것은 한 번 더 다지고, 새로운 것은 익히는 방법으로 합격의 초석이 되었으면 합니다.

본 핵심요약집을 출간하게 도와주신 (주)박문각출판 회장님 및 출판관계자에게도 감사 말씀드립니다.

감사합니다.

편저자 설신재 배상

자격안내

자격개요

주택관리사보는 공동주택의 운영·관리·유지·보수 등을 실시하고 이에 필요한 경비를 관리하며, 공동주택의 공용부분과 공동소유인 부대시설 및 복리시설의 유지·관리 및 안전관리 업무를 수행하기 위해 주택관리사보 자격시험에 합격한 자를 말한다.

변천과정

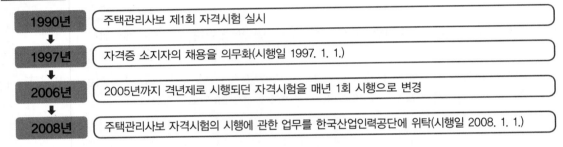

1990년	주택관리사보 제1회 자격시험 실시
1997년	자격증 소지자의 채용을 의무화(시행일 1997. 1. 1.)
2006년	2005년까지 격년제로 시행되던 자격시험을 매년 1회 시행으로 변경
2008년	주택관리사보 자격시험의 시행에 관한 업무를 한국산업인력공단에 위탁(시행일 2008. 1. 1.)

주택관리사제도

❶ 주택관리사 등의 자격

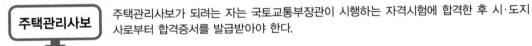

주택관리사보 : 주택관리사보가 되려는 자는 국토교통부장관이 시행하는 자격시험에 합격한 후 시·도지사로부터 합격증서를 발급받아야 한다.

주택관리사 : 주택관리사는 주택관리사보 합격증서를 발급받고 대통령령으로 정하는 주택관련 실무경력이 있는 자로서 시·도지사로부터 주택관리사 자격증을 발급받은 자로 한다.

❷ 주택관리사 인정경력

시·도지사는 주택관리사보 자격시험에 합격하기 전이나 합격한 후 다음의 어느 하나에 해당하는 경력을 갖춘 자에 대하여 주택관리사 자격증을 발급한다.

- 사업계획승인을 받아 건설한 50세대 이상 500세대 미만의 공동주택의 관리사무소장으로 근무한 경력 3년 이상
- 사업계획승인을 받아 건설한 50세대 이상의 공동주택의 관리사무소의 직원(경비원, 청소원, 소독원 제외) 또는 주택관리업자의 직원으로 주택관리업무에 종사한 경력 5년 이상
- 한국토지주택공사 또는 지방공사의 직원으로 주택관리업무에 종사한 경력 5년 이상
- 공무원으로 주택관련 지도·감독 및 인·허가 업무 등에 종사한 경력 5년 이상
- 주택관리사단체와 국토교통부장관이 정하여 고시하는 공동주택관리와 관련된 단체의 임직원으로 주택관련 업무에 종사한 경력 5년 이상
- 위의 경력들을 합산한 기간 5년 이상

법적 배치근거

공동주택을 관리하는 주택관리업자·입주자대표회의(자치관리의 경우에 한함) 또는 임대사업자(「민간임대주택에 관한 특별법」에 의한 임대사업자를 말함) 등은 공동주택의 관리사무소장으로 주택관리사 또는 주택관리사보를 다음의 기준에 따라 배치하여야 한다.

- 500세대 미만의 공동주택: 주택관리사 또는 주택관리사보
- 500세대 이상의 공동주택: 주택관리사

주요업무

공동주택을 안전하고 효율적으로 관리하여 공동주택의 입주자 및 사용자의 권익을 보호하기 위하여 입주자대표회의에서 의결하는 공동주택의 운영·관리·유지·보수·교체·개량과 리모델링에 관한 업무 및 이와 같은 업무를 집행하기 위한 관리비·장기수선충당금이나 그 밖의 경비의 청구·수령·지출 업무, 장기수선계획의 조정, 시설물 안전관리계획의 수립 및 건축물의 안전점검에 관한 업무(단, 비용지출을 수반하는 사항에 대하여는 입주자대표회의의 의결을 거쳐야 함) 등 주택관리서비스를 수행한다.

진로 및 전망

주택관리사는 주택관리의 시장이 계속 확대되고 주택관리사의 지위가 제도적으로 발전하면서 공동주택의 효율적인 관리와 입주자의 편안한 주거생활을 위한 전문지식과 기술을 겸비한 전문가집단으로 자리매김하고 있다.

주택관리사의 업무는 주택관리서비스업으로서, 자격증 취득 후 아파트 단지나 빌딩의 관리소장, 공사 및 건설업체·전문용역업체, 공동주택의 운영·관리·유지·보수 책임자 등으로 취업이 가능하다.
과거 주택건설 및 공급 위주의 주택정책이 국가경제적인 측면에서 문제가 되었다는 점에서 지금은 공동주택의 수명연장 및 쾌적한 주거환경 조성을 우선으로 하는 주택관리의 시대가 되었다. 이러한 시대적 변화에 맞추어 전문자격자로서 주택관리사의 역할이 어느 때보다 중요해지고 있으며, 공동주택의 리모델링의 활성화로 주택관리사들이 전문기법을 연구·발전시켜 국가경제발전에도 크게 기여하게 될 것이다.

자격시험안내

시험기관

소관부처 국토교통부 주택건설공급과   **실시기관** 한국산업인력공단(http://www.Q-net.or.kr)

응시자격

❶ **개관:** 응시자격에는 제한이 없으며 연령, 학력, 경력, 성별, 지역 등에 제한을 두지 않는다. 다만, 시험시 행일 현재 주택관리사 등의 결격사유에 해당하는 자와 부정행위를 한 자로서 당해 시험시행일로부터 5년 이 경과되지 아니한 자는 응시가 불가능하다.

❷ **주택관리사보 결격사유자**(공동주택관리법 제67조 제4항)
 1. 피성년후견인 또는 피한정후견인
 2. 파산선고를 받은 사람으로서 복권되지 아니한 사람
 3. 금고 이상의 실형의 선고를 받고 그 집행이 끝나거나(집행이 끝난 것으로 보는 경우를 포함한다) 집행 이 면제된 날부터 2년이 지나지 아니한 사람
 4. 금고 이상의 형의 집행유예를 선고받고 그 집행유예기간 중에 있는 사람
 5. 주택관리사 등의 자격이 취소된 후 3년이 지나지 아니한 사람(제1호 및 제2호에 해당하여 주택관리사 등의 자격이 취소된 경우는 제외한다)

❸ **시험 부정행위자에 대한 제재:** 주택관리사보 자격시험에 있어서 부정한 행위를 한 응시자에 대하여는 그 시험을 무효로 하고, 당해 시험시행일부터 5년간 시험응시자격을 정지한다.

시험방법

❶ 주택관리사보 자격시험은 제1차 시험 및 제2차 시험으로 구분하여 시행한다.
❷ 제1차 시험문제는 객관식 5지 선택형으로 하고 과목당 40문항을 출제한다.
❸ 제2차 시험문제는 객관식 5지 선택형을 원칙으로 하되, 과목별 16문항은 주관식(단답형 또는 기입형)을 가미하여 과목당 40문항을 출제한다.
❹ 객관식 및 주관식 문항의 배점은 동일하며, 주관식 문항은 부분점수가 있다.

문항수		주관식 16문항
배 점		각 2.5점(기존과 동일)
단답형 부분점수	3괄호	3개 정답(2.5점), 2개 정답(1.5점), 1개 정답(0.5점)
	2괄호	2개 정답(2.5점), 1개 정답(1점)
	1괄호	1개 정답(2.5점)

 ※ 법률 등을 적용하여 정답을 구하여야 하는 문제는 법에 명시된 정확한 용어를 사용하는 경우에만 정답으로 인정

❺ 제2차 시험은 제1차 시험에 합격한 자에 대하여 실시한다.
❻ 제1차 시험에 합격한 자에 대하여는 다음 회의 시험에 한하여 제1차 시험을 면제한다.

합격기준

❶ 1차시험 절대평가, 2차시험 상대평가

국토교통부장관은 직전 3년간 사업계획승인을 받은 공동주택 단지 수, 직전 3년간 주택관리사보 자격시험 응시인원, 주택관리사 등의 취업현황과 주택관리사보 시험위원회의 심의의견 등을 고려하여 해당 연도 주택관리사보 자격시험의 선발예정인원을 정한다. 이 경우 국토교통부장관은 선발예정인원의 범위에서 대통령령으로 정하는 합격자 결정 점수 이상을 얻은 사람으로서 전과목 총득점의 고득점자 순으로 주택관리사보 자격시험 합격자를 결정한다(공동주택관리법 제67조 제5항).

❷ 시험합격자의 결정(공동주택관리법 시행령 제75조)

> 1. 제1차시험 : 과목당 100점을 만점으로 하여 모든 과목 40점 이상이고 전 과목 평균 60점 이상의 득점을 한 사람
> 2. 제2차시험
>   ① 과목당 100점을 만점으로 하여 모든 과목 40점 이상이고 전 과목 평균 60점 이상의 득점을 한 사람. 다만, 모든 과목 40점 이상이고 전 과목 평균 60점 이상의 득점을 한 사람의 수가 법 제67조 제5항 전단에 따른 선발예정 인원(이하 "선발예정인원"이라 한다)에 미달하는 경우에는 모든 과목 40점 이상을 득점한 사람을 말한다.
>   ② 법 제67조 제5항 후단에 따라 제2차시험 합격자를 결정하는 경우 동점자로 인하여 선발예정인원을 초과하는 경우에는 그 동점자 모두를 합격자로 결정한다. 이 경우 동점자의 점수는 소수점 이하 둘째자리까지만 계산하며, 반올림은 하지 아니한다.

시험과목

(2024. 03. 29. 제27회 시험 시행계획 공고 기준)

시험구분	시험과목	시험범위	시험시간
제1차 (3과목) 1교시	회계원리	세부 과목 구분 없이 출제	100분
	공동주택 시설개론	• 목구조·특수구조를 제외한 일반건축구조와 철골구조 • 장기수선계획 수립 등을 위한 건축적산 • 홈네트워크를 포함한 건축설비개론	
2교시	민 법	• 총칙 • 물권 • 채권 중 총칙·계약총칙·매매·임대차·도급·위임·부당이득·불법행위	50분
제2차 (2과목)	주택관리 관계법규	「주택법」·「공동주택관리법」·「민간임대주택에 관한 특별법」·「공공주택 특별법」·「건축법」·「소방기본법」·「화재의 예방 및 안전관리에 관한 법률」·「소방시설 설치 및 관리에 관한 법률」·「승강기 안전관리법」·「전기사업법」·「시설물의 안전 및 유지관리에 관한 특별법」·「도시 및 주거환경정비법」·「도시재정비 촉진을 위한 특별법」·「집합건물의 소유 및 관리에 관한 법률」 중 주택관리에 관련되는 규정	100분
	공동주택 관리실무	• 공동주거관리이론 • 공동주택회계관리·입주자관리, 대외업무, 사무·인사관리 • 시설관리, 환경관리, 안전·방재관리 및 리모델링, 공동주택 하자관리(보수공사 포함) 등	

※ 1. 시험과 관련하여 법률·회계처리기준 등을 적용하여 답을 구하여야 하는 문제는 시험시행일 현재 시행 중인 법령 등을 적용하여 정답을 구하여야 한다.
2. 회계처리 등과 관련된 시험문제는 「한국채택국제회계기준(K-IFRS)」을 적용하여 출제된다.
3. 기활용된 문제, 기출문제 등도 변형·활용되어 출제될 수 있다.

Contents

이 책의 차례

PART 1

민법총칙

PART **2**

물권법

PART 3

채권법

민법총칙

01 민법의 법원

> **제1조【법 원】** 민사에 관하여 법률에 규정이 없으면 관습법에 의하고 관습법이 없으면 조리에 의한다.

1 법률의 의미

(1) 제1조의 '법률'은 형식적 의미를 포함하는 실질적 의미의 법률을 의미한다.

(2) 민사에 관한 '대통령의 긴급재정명령'도 민사에 관한 것이라면 민법의 법원이 될 수 있다.

(3) 행정기관에서 제정되는 법규인 '명령'도 그것이 민사에 관한 것인 한, 민법의 법원이 될 수 있다.

(4) '대법원규칙'도 민사에 관련된 것이면 민법의 법원이 될 수 있다.

(5) 지방자치단체가 제정한 법규인 '자치법규(조례와 규칙)'도 민사에 관련되면 민법의 법원이 될 수 있다.

(6) 국제조약이나 일반적으로 승인된 국제법규 또는 국제물품매매계약에 관한 '국제연합협약(CISG)'도 민사에 관한 것이면 민법의 법원이 될 수 있다.

(7) '헌법재판소의 결정내용'이 민사에 관한 것이라면 민법의 법원이 될 수 있다.

(8) '공법규정'도 민사에 관한 것이면 법원이 될 수 있다.

2 관습법

(1) 관습법과 사실인 관습의 차이점

　① 관습법과 사실인 관습의 역할의 차이

　　㉠ 관습은 법원으로서 법령에 저촉되지 않는 한 법칙으로서의 효력이 있다.

　　㉡ 사실인 관습은 법령으로서의 효력이 없는 단순한 관행으로서 법률행위의 당사자의 의사를 보충함에 그친다.

② 관습법과 사실인 관습의 증명책임의 차이

  ⊙ 관습법은 당사자의 주장·입증을 기다림이 없이 법원이 직권으로 이를 확정하여야 한다. 다만 관습법의 존재여부가 불분명한 경우와 법원이 이를 알 수 없는 경우에는 당사자가 주장·입증하여야 한다.

  ⓛ 사실인 관습은 당사자가 주장·입증하는 것이 원칙이지만, 사실인 관습이 경험칙에 속하는 경우 법원이 직권으로 판단할 수 있다.

🗐 **관습법과 사실인 관습의 차이점**

구 분	관습법	사실인 관습
역할의 차이	법원으로서 법령에 저촉되지 않는 한 법칙과 같은 효력	• 법령과 같은 효력은 없음 • 당사자의 의사를 보충하는 역할 또는 법률행위 해석의 기준이 될 수 있음
입증 책임의 차이	• 당사자의 주장·입증이 없더라도 법원에서 직권으로 고려 • 다만 예외적으로 관습법의 존재 여부가 불분명한 경우에는 당사자가 주장·입증하여야 함	• 당사자가 주장·입증하여야 함 • 사실인 관습이 일종의 경험칙에 속하는 경우에는 법원에서 직권으로 고려하는 경우도 있음

(2) 관습법으로서 효력을 유지하기 위한 요건

관련판례

1. 사회의 거듭된 관행으로 생성한 어떤 사회생활규범이 법적 규범으로 승인되기에 이르렀다고 하기 위하여는 그 사회생활규범은 헌법을 최상위 규범으로 하는 전체 법질서에 반하지 아니하는 것으로서 정당성과 합리성이 있다고 인정될 수 있는 것이어야 하고, 그렇지 아니한 사회생활규범은 비록 그것이 사회의 거듭된 관행으로 생성된 것이라고 할지라도 이를 법적 규범으로 삼아 관습법으로서의 효력을 인정할 수 없다(대판 전합 2003.7.21, 2001다48781).

2. 사회의 거듭된 관행으로 생성된 사회생활규범이 관습법으로 승인되었다고 하더라도 사회구성원들이 그러한 관행의 법적 구속력에 대하여 확신을 갖지 않게 되었다거나, 사회를 구성하는 기본적 이념이나 사회질서의 변화로 인하여 그러한 관습법을 적용하여야 할 시점에 있어서의 전체 법질서에 부합하지 않게 되었다면 그러한 관습법은 법적 규범으로서의 효력이 부정될 수밖에 없다(대판 전합 2005.7.21, 2002다1178).

(3) 관습법의 효력

① **원칙(보충적 효력)**

관습법은 법률의 규정이 없는 경우에만 적용될 수 있고, 법률의 규정이 존재한다면 관습법을 적용할 수 없다.

② **예외(우선적 효력)**

민법의 규정과 상관습법이 존재하는 경우에는 상관습법이 적용되므로, 예외적으로 관습법이 법률의 규정보다 우선하여 적용될 수 있다.

③ 관습법은 언제나 보충적 효력만 인정되는 것은 아니다.

(4) 판례에서 인정된 관습법

① 관습법상의 법정지상권, 분묘기지권, 동산의 양도담보물권, 수목의 집단이나 미분리과실에 관한 공시방법인 명인방법 등은 판례가 인정한 관습법이다.

② 부동산의 양도담보(물권), 온천권, 사도통행권, 공원이용권, 미등기건물의 양수인의 소유권에 준하는 물권 등은 관습법이 아니다.

③ 관습법으로도 새로운 물권을 창설할 수 있다(제185조).

관련판례

1. 미등기 무허가건물의 양수인이라도 소유권이전등기를 마치지 않는 한 건물의 소유권을 취득할 수 없고, 소유권에 준하는 관습상의 물권이 있다고도 할 수 없으므로, 미등기 무허가건물의 양수인은 소유권에 기한 방해제거청구를 할 수 없다(대판 2016.7.29, 2016다214483).

2. 온천에 관한 권리를 관습법상의 물권이라고 볼 수 없다(대판 1970.5.26, 69다1239).

3. 타인 소유의 토지에 분묘를 설치한 경우에 20년간 평온, 공연하게 분묘의 기지를 점유하면 지상권과 유사한 관습상의 물권인 분묘기지권을 시효로 취득한다는 점은 오랜 세월 동안 지속되어 온 관습 또는 관행으로서 법적 규범으로 승인되어 왔고, 이러한 법적 규범이 장사법 시행일인 2001. 1. 13. 이전에 설치된 분묘에 관하여 현재까지 유지되고 있다고 보아야 한다(대판 전합 2017.1.19, 2013다17292).

4. 2000. 1. 12. 법률 제6158호로 전부 개정된 구 장사 등에 관한 법률(이하 '장사법'이라 한다)의 시행일인 2001. 1. 13. 이전에 타인의 토지에 분묘를 설치한 다음 20년간 평온·공연하게 분묘의 기지를 점유함으로써 분묘기지권을 시효로 취득하였더라도, 분묘기지권자는 토지소유자가 분묘기지에 관한 지료를 청구하면 그 청구한 날부터의 지료를 지급할 의무가 있다고 보아야 한다(대판 전합 2021.4.29, 2017다228007).

3 조 리

(1) 조리도 법원이다.

(2) 가치관의 변천으로 인하여 관습법으로서 효력을 상실한 경우, 조리에 의하여 보충될 수 있다.

> **관련판례**
>
> 종중이란 공동선조의 분묘수호와 제사 및 종원 상호 간의 친목 등을 목적으로 하여 구성되는 자연발생적인 종족집단이므로, 종중의 이러한 목적과 본질에 비추어 볼 때 공동선조와 성과 본을 같이하는 후손은 성별의 구별 없이 성년이 되면 당연히 그 구성원이 된다고 보는 것이 조리에 합당하다(대판 전합 2005.7.21, 2002다1178).

4 대법원 판례

대법원 판례는 법원이 아니다. 상급 법원의 판단은 장래의 다른 사건에 있어서 하급심을 구속하지 않는다.

02 신의성실의 원칙

1 의의 및 특징

(1) **추상적 규범**

민법상의 신의성실의 원칙(신의칙이라고도 한다)은 법률관계의 당사자는 상대방의 이익을 배려하여 형평에 어긋나거나 신뢰를 저버리는 내용 또는 방법으로 권리를 행사하거나 의무를 이행하여서는 아니 된다는 '추상적 규범'을 말한다.

(2) **강행규정성**

① 신의성실의 원칙의 적용여부는 당사자의 합의에 의하여 배제할 수 없다.

② 신의성실의 원칙의 위반여부는 당사자의 주장이 없더라도 법원에서 직권으로 판단할 수 있다.

(3) 보충성

① 단체협약 등 노사합의의 내용이 근로기준법의 강행규정을 위반하여 무효인 경우에, 그 무효를 주장하는 것이 신의성실의 원칙에 위배되는 권리의 행사라는 이유로 이를 배척한다면 강행규정으로 정한 입법 취지를 몰각시키는 결과가 될 것이므로, 그러한 주장은 신의칙에 위배된다고 볼 수 없음이 원칙이다. 다만 신의칙을 적용하기 위한 일반적인 요건을 갖추고 근로기준법의 강행규정성에도 불구하고 신의칙을 우선하여 적용할 만한 특별한 사정이 있는 예외적인 경우에 한하여 그 노사합의의 무효를 주장하는 것은 신의칙에 위배되어 허용될 수 없다(대판 2021.6.10, 2017다52712).

② 법정대리인의 동의 없이 신용구매계약을 체결한 미성년자가 사후에 법정대리인의 동의 없음을 사유로 들어 이를 취소하는 것이 신의성실의 원칙에 위배된 것이라고 할 수 없다(대판 2007.11.16, 2005다71659).

(4) 적용범위

① 사적 자치의 영역을 넘어 공공질서를 위하여 공익적 요구를 선행시켜야 할 경우 합법성의 원칙은 신의성실의 원칙보다 우월한 것이므로, 신의성실의 원칙은 합법성의 원칙을 희생하여서라도 구체적 신뢰보호의 필요성이 인정되는 경우에 한하여 예외적으로 적용된다(대판 2014.5.29, 2012다44518).

② 신의칙은 비단 계약법의 영역에 한정하지 않고 모든 법률관계를 규제 지배하는 원리이다(대판 1983.5.24, 82다카1919).

③ 신의성실의 원칙은 사법관계뿐만 아니라 공법관계에도 적용된다. 또한 재산관계뿐만 아니라 신분관계에도 적용되고, 채권관계뿐만 아니라 물권관계에도 적용된다.

2 신의성실의 원칙의 기능

(1) 신의성실의 원칙은 권리의 발생·변경·소멸적 기능을 한다.

(2) 신의성실의 원칙은 법률행위 해석의 기준이 된다.

(3) 환자가 병원에 입원하여 치료를 받는 경우에 있어서, 병원은 병실에의 출입자를 통제·감독하든가 그것이 불가능하다면 최소한 입원환자에게 휴대품을 안전하게 보관할 수 있는 시정장치가 있는 사물함을 제공하는 등으로 입원환자의 휴대품 등의 도난을 방지함에 필요한 적절한 조치를 강구하여 줄 신의칙상의 보호의무가 있다(대판 2003.4.11, 2002다63275).

3 신의성실의 원칙의 적용 효과

(1) 권리행사가 신의칙에 위반하는 경우

① 권리의 행사가 신의성실의 원칙에 위반하는 경우 권리의 남용이 되는 것이 보통이므로 일반적으로 권리행사로서의 효과가 발생하지 않는다. 즉, 건물의 철거청구가 권리남용에 해당하더라도 철거청구의 효과가 발생하지 않을 뿐 토지소유자는 불법점유자에 대하여 지료상당의 부당이득반환청구권은 행사할 수 있다.

② 즉 원칙적으로는 권리행사가 신의칙에 위반하더라도 권리 자체가 소멸하는 것은 아니나, 예외적으로 친권이 남용된 경우에는 친권이 상실되는 경우도 있다.

(2) 의무이행이 신의칙에 위반하는 경우

의무이행이 신의칙에 위반하는 경우 의무불이행이 된다.

4 신의성실의 원칙의 파생원칙

(1) 아파트 분양자는 아파트 단지 인근에 쓰레기 매립장이 건설예정인 사실을 분양계약자에게 고지할 신의칙상 의무를 부담한다(대판 2006.10.12, 2004다48515).

(2) 본인의 지위를 단독상속한 무권대리인이 본인의 지위에서 상속 전에 행한 무권대리행위의 추인을 거절하는 것은 신의칙에 반한다(대판 1994.9.27, 94다20617).

(3) 취득시효완성 후에 그 사실을 모르고 당해 토지에 관하여 어떠한 권리도 주장하지 않기로 하였다 하더라도 이에 반하여 시효주장을 하는 것은 특별한 사정이 없는 한 신의성실의 원칙상 허용되지 않는다(대판 1998.5.22, 96다24101).

(4) 인지청구권은 본인의 일신전속적인 신분관계상의 권리로서 포기할 수도 없으며 포기하였더라도 그 효력이 발생할 수 없는 것이고, 이와 같이 인지청구권의 포기가 허용되지 않는 이상 거기에 실효의 법리가 적용될 여지도 없다(대판 2001.11.27, 2001므1353).

(5) 항소권과 같은 소송법상의 권리에도 실효의 법리가 적용될 수 있다(대판 1996.7.30, 94다51840).

(6) 이른바 사정변경으로 인한 계약해제는, 계약 성립 당시 당사자가 예견할 수 없었던 현저한 사정의 변경이 발생하였고 그러한 사정의 변경이 해제권을 취득하는 당사자에게 책임 없는 사유로 생긴 것으로서, 계약내용대로의 구속력을 인정한다면 신의칙에 현저히 반하는 결과가 생기는 경우에 계약준수 원칙의 예외로서 인정되는 것이고, 여기에서 말하는 사정이라 함은 계약의 기초가 되었던 객관적인 사정으로서 일방 당사자의 주관적 또는 개인적인 사정을 의미하는 것은 아니다(대판 2007.3.29, 2004다31302).

(7) 계속적 거래관계로 인하여 발생하는 불확정한 채무를 보증하기 위한 이른바 계속적 보증에 있어서는 (중략) 그 보증계약을 일방적으로 해지할 수 있다(대판 2000.3.10, 99다61750).

(8) 동시이행의 항변권의 행사가 주로 자기 채무의 이행만을 회피하기 위한 수단이라고 보여지는 경우에는 그 항변권의 행사는 권리남용으로서 배척되어야 할 것이다(대판 2001.9.18, 2001다9304).

(9) 채무자의 소멸시효를 이유로 한 항변권의 행사도 민법의 대원칙인 신의성실의 원칙과 권리남용금지의 원칙의 지배를 받는 것이어서 채권자가 권리를 행사할 수 없는 객관적 장애사유가 있었다면 채무자가 소멸시효완성을 주장하는 것은 신의성실 원칙에 반하는 권리남용으로 허용될 수 없다(대판 2013.12.26, 2013다212646).

(10) 상계제도의 목적이나 기능을 일탈하고, 법적으로 보호받을 만한 가치가 없는 경우에는, 그 상계권의 행사는 신의칙에 반하거나 상계에 관한 권리를 남용하는 것으로서 허용되지 않는다고 함이 상당하고, 상계권 행사를 제한하는 위와 같은 근거에 비추어 볼 때 일반적인 권리남용의 경우에 요구되는 주관적 요건을 필요로 하는 것은 아니다(대판 2003.4.11, 2002다59481).

03 미성년자의 행위능력

1 원 칙

(1) 미성년자는 제한능력자이므로 단독으로 법률행위를 할 수 없고, 법정대리인의 동의를 얻어서 법률행위를 할 수 있다.

(2) 미성년자가 법정대리인의 동의 없이 행한 법률행위는 일단은 유효하고(유동적 유효), 후에 제한능력을 이유로 취소할 수 있다.

(3) 미성년자의 법률행위의 취소는 소급적으로 무효가 되며, 선의의 제3자에게도 대항할 수 있다(절대적 취소).

2 예 외

(1) 미성년자도 일정한 경우에는 예외적으로 행위능력이 인정된다.

(2) 미성년자에게 행위능력이 인정되는 경우에는 더 이상 제한능력을 이유로 취소할 수 없다(유효로 확정).

3 미성년자에게 행위능력이 인정되는 경우(더 이상 제한능력을 이유로 취소할 수 없음)

(1) 권리만을 얻거나 의무만을 면하는 행위(제5조 단서)

(2) 처분을 허락한 재산(제6조)

(3) **특정한 영업의 허락**(제8조)

　① 반드시 영업의 종류는 특정하여야 한다. 따라서 특정된 이상 여러 개의 영업도 허락할 수 있다.

　② 모든 종류의 영업에 대한 포괄적 허락이나 영업의 일부에 대한 허락이나 영업의 일부를 제한할 수 없다.

　③ 허락된 영업에 관하여는 미성년자도 성년자와 동일한 행위능력이 인정되므로, 그 영업에 관하여는 법정대리권이 소멸한다. 따라서 영업에 관하여 직·간접으로 필요한 행위를 할 수 있다.

(4) 타인의 대리행위

(5) 만 17세 이상이면 단독으로 유언 가능

(6) 무한책임사원의 자격에서 행한 행위

　≫ 단, 미성년자가 무한책임사원이 되는 것은 법정대리인의 동의를 요한다.

(7) 임금청구와 근로계약

　≫ 법정대리인도 임금청구와 근로계약을 미성년자를 대리할 수 없다.

(8) 제한능력을 이유로 한 취소(단, 추인은 법정대리인의 동의를 얻어야 한다)

(9) **혼인에 의한 성년의제**

　① 성년으로 의제되는 혼인은 법률혼만을 의미하고, 사실혼은 포함되지 않는다.

　② 성년의제되는 범위는 사법상의 법률관계에 한정되고, 공법적 법률관계에는 적용되지 않는다.

🗂 행위능력 인정 여부

단독으로 할 수 있는 것(법정대리인의 동의 ×) ⇨ 제한능력을 이유로 취소할 수 없다.	단독으로 할 수 없는 것(법정대리인의 동의 ○) ⇨ 제한능력을 이유로 취소할 수 있다.
• 부담 없는 증여를 받는 것 • 채무면제의 청약에 대한 승낙(채무면제를 받는 것) • 부양하지 않는 친권자를 상대로 한 부양료 청구 • 무상임치계약의 해지(무상임치물의 반환) • 제3자를 위한 계약에서 부담 없는 수익의 의사표시 • 서면에 의하지 않는 증여의 해제	• 부담부 증여를 받는 것 • 경제적으로 유리한 매매계약의 체결(쌍무계약의 체결 등) • 채무면제의 청약(채무면제를 하는 것) • 상속의 승인, 포기 • 채무변제의 수령 • 시효중단사유인 채무의 승인

관련판례

1. 미성년자가 법률행위를 함에 있어서 요구되는 법정대리인의 동의는 언제나 명시적이어야 하는 것은 아니고 묵시적으로도 가능하다(대판 2007.11.16, 2005다71569).

2. 법정대리인의 동의에 대한 입증책임은 동의가 있었음을 이유로 법률행위의 유효를 주장하는 자(상대방)에게 있다(대판 1970.2.24., 69다1568).

04 피성년후견인, 피한정후견인

1 피성년후견인

(1) 의 의

질병, 장애, 노령 그 밖의 사유로 인한 정신적 제약으로 사무를 처리할 능력이 지속적으로 결여된 사람으로서 가정법원으로부터 성년후견개시의 심판을 받은 자를 의미한다.

(2) 성년후견개시의 요건

① **실질적 요건**: 질병, 장애, 노령 그 밖의 사유로 인한 정신적 제약으로 사무를 처리할 능력이 지속적으로 결여되어야 한다.

② **절차적 요건**

㉠ 본인, 배우자, 4촌 이내의 친족, 미성년후견인, 미성년후견감독인, 한정후견인,

한정후견감독인, 특정후견인, 특정후견감독인, 검사 또는 지방자치단체의 장의 청구가 있어야 한다.

© 가정법원은 성년후견개시의 심판을 할 때 본인의 의사를 고려하여야 한다.

(3) 피성년후견인의 행위능력

① **원칙**: 피성년후견인의 법률행위는 원칙적으로 취소할 수 있다.

② **피성년후견인이 예외적으로 행위능력을 가지는 경우**

㉠ 가정법원이 취소할 수 없는 피성년후견인의 법률행위의 범위를 정한 경우에는 그 한도 내에서 예외적으로 행위능력을 가진다.

© 일용품의 구입 등 일상생활에 필요하고 그 대가가 과도하지 아니한 법률행위는 성년후견인이 취소할 수 없다.

© 피성년후견인도 의사능력이 갖추어진 경우라면 타인의 대리인이 될 수 있다.

② 피성년후견인도 의사능력을 회복한 경우에는 단독으로 유언할 수 있다.

(4) 성년후견의 종료

① 성년후견개시의 원인이 소멸된 경우에 가정법원은 본인, 배우자, 4촌 이내의 친족, 성년후견인, 성년후견감독인, 검사 또는 지방자치단체의 장의 청구에 의하여 성년후견종료의 심판을 하여야 한다.

② 성년후견종료의 심판은 소급효가 없고, 장래에 향하여 효력을 가진다. 따라서 종료심판 전에 제한능력자인 상태에서 행한 행위는 심판종료 후 3년이 경과하기 전에는 취소할 수 있다.

2 피한정후견인

(1) 의 의

질병, 장애, 노령 그 밖의 사유로 인한 정신적 제약으로 사무를 처리할 능력이 부족한 사람으로서 가정법원으로부터 한정후견개시의 심판을 받을 자를 의미한다.

(2) 피한정후견인의 행위능력

① 한정후견이 개시되면 피한정후견인의 행위능력이 제한된다.

② 가정법원은 한정후견인의 동의를 받아야 하는 행위의 범위를 정할 수 있고, 그 범위의 행위를 피한정후견인이 한정후견인의 동의 없이 하였을 경우에는 그 법률행위를 취소할 수 있다.

(3) 피한정후견인에게도 행위능력이 인정되는 경우

① 한정후견인의 동의를 요하는 행위에 대하여 피한정후견인의 이익을 해칠 염려가 있음에도 한정후견인이 동의를 하지 않은 경우, 피한정후견인은 한정후견인의 동의에 갈음하는 가정법원의 허가를 받아서 단독으로 할 수 있다.

② 피한정후견인도 타인의 대리인이 될 수 있다.

③ 일용품의 구입 등 일상생활에 필요하고 그 대가가 과도하지 아니한 법률행위는 취소할 수 없다.

(4) 한정후견의 종료

① 한정후견개시의 원인이 소멸된 경우, 가정법원은 본인, 배우자, 4촌 이내의 친족, 한정후견인, 한정후견감독인, 검사 또는 지방자치단체의 장의 청구에 의하여 한정후견종료의 심판을 하여야 한다.

② 한정후견종료의 심판은 소급효가 없고, 장래에 향하여 효력을 가진다.

> **관련판례**
>
> 성년후견이나 한정후견 개시의 청구가 있는 경우 가정법원은 청구 취지와 원인, 본인의 의사, 성년후견 제도와 한정후견 제도의 목적 등을 고려하여 어느 쪽의 보호를 주는 것이 적절한지를 결정하고, 그에 따라 필요하다고 판단하는 절차를 결정해야 한다. 따라서 한정후견의 개시를 청구한 사건에서 의사의 감정 결과 등에 비추어 성년후견 개시의 요건을 충족하고 본인도 성년후견의 개시를 희망한다면 법원이 성년후견을 개시할 수 있고, 성년후견 개시를 청구하고 있더라도 필요하다면 한정후견을 개시할 수 있다고 보아야 한다(대결 2021.6.10, 2020스596).

3 피특정후견인

(1) 의 의

질병, 장애, 노령 그 밖의 사유로 인한 정신적 제약으로 일시적 후원 또는 특정한 사무에 관한 후원이 필요한 사람으로서 가정법원으로부터 특정후견개시의 심판을 받은 자를 의미한다.

(2) 피특정후견인의 행위능력

① 특정후견의 심판이 있다고 하여 피특정후견인의 행위능력이 제한되는 것은 아니다.

② 특정후견은 본인의 의사에 반하여 할 수 없다.

③ 특정후견의 심판을 하는 경우에 가정법원은 특정후견의 기간 또는 사무의 범위를 정하여야 한다.

▣ 제한능력자의 법정대리인

구 분	법정대리인	후견인의 특징	권 한
미성년자	1. 친권자 2. 미성년후견인	1. 미성년후견인 순위 　① 지정후견인 　② 선임후견인 2. 미성년후견인은 1인이고, 자연인만 될 수 있다.	• 대리권 • 동의권 • 취소권 • 추인권
피성년후견인	성년후견인	1. 선임후견인(지정후견인 없음) 2. 후견인은 여러 명의 성년(한정)후견인을 둘 수 있고, 법인도 성년(한정)후견인이 될 수 있다.	• 대리권 • 취소권 • 추인권 》 동의권(×)
피한정후견인	한정후견인		• 대리권 • 동의권 • 취소권 • 추인권

05　제한능력자의 상대방 보호

1 상대방의 확답을 촉구할 권리(최고권)

> **제15조【제한능력자의 상대방의 확답을 촉구할 권리】** ① 제한능력자의 상대방은 제한능력자가 능력자가 된 후에 그에게 1개월 이상의 기간을 정하여 그 취소할 수 있는 행위를 추인할 것인지 여부의 확답을 촉구할 수 있다. 능력자로 된 사람이 그 기간 내에 확답을 발송하지 아니하면 그 행위를 추인한 것으로 본다.
> ② 제한능력자가 아직 능력자가 되지 못한 경우에는 그의 법정대리인에게 제1항의 촉구를 할 수 있고, 법정대리인이 그 정하여진 기간 내에 확답을 발송하지 아니한 경우에는 그 행위를 추인한 것으로 본다.
> ③ 특별한 절차가 필요한 행위는 그 정하여진 기간 내에 그 절차를 밟은 확답을 발송하지 아니하면 취소한 것으로 본다.

(1) **최고(확답을 촉구하는 권리)의 법률적 성질**

준법률행위의 일종으로서 의사의 통지에 속한다.

(2) 최고의 요건

① 1개월 이상의 기간을 정하여 최고하여야 한다.

② 기간을 정하지 않고 최고하거나 1개월보다 짧은 기간을 정하여 최고한 경우 다수설에 의하면 그 최고는 효력이 없고, 1개월의 기간이 경과함으로써 그 효력이 생긴다(» 거듭 최고할 필요는 없다).

(3) 최고권자

선의의 상대방은 물론, 악의의 상대방도 최고를 할 수 있다.

(4) 최고의 상대방

① 최고의 상대방은 반드시 행위능력자이어야 한다. 즉, 제한능력자에게 행한 최고는 최고로서의 효력이 없다.

② 최고의 상대방은 행위능력자이어야 하므로, 취소 또는 추인할 수 있는 자이어야 한다.

(5) 최고의 효과

① 최고기간 내에 제한능력자 측에서 확답을 발하지 않으면 그 행위를 추인한 것으로 간주되므로 더 이상 취소할 수 없다(제15조 제1항·제2항).

② 추인을 위하여 특별한 절차를 요하는 경우(후견감독인의 동의를 요하는 경우)에는 최고기간 내에 확답이 없는 때에는 취소한 것으로 간주된다(제15조 제3항).

③ 최고의 효과는 발신주의를 취한다.

2 상대방의 철회권과 거절권

> **제16조【제한능력자의 상대방의 철회권과 거절권】** ① 제한능력자가 맺은 계약은 추인이 있을 때까지 상대방이 그 의사표시를 철회할 수 있다. 다만, 상대방이 계약 당시에 제한능력자임을 알았을 경우에는 그러하지 아니하다.
> ② 제한능력자의 단독행위는 추인이 있을 때까지 상대방이 거절할 수 있다.
> ③ 제1항의 철회나 제2항의 거절의 의사표시는 제한능력자에게도 할 수 있다.

(1) 철회권은 제한능력자와 체결한 법률행위 중에서 '계약에 한하여' 인정되는 권리이다.

(2) 철회권은 선의의 상대방에게만 인정되고, 악의의 상대방은 철회권을 행사할 수 없다.

(3) 거절권은 '단독행위에 한하여' 상대방에게 인정되는 권리이다.

(4) 거절권은 선의의 상대방은 물론이고 악의의 상대방도 거절권을 행사할 수 있다.

(5) 철회권과 거절권은 법정대리인뿐만 아니라 제한능력자에게도 행사할 수 있다.

3 제한능력자의 속임수에 의한 취소권의 배제

> **제17조【제한능력자의 속임수】** ① 제한능력자가 속임수로써 자기를 능력자로 믿게 한 경우에는 그 행위를 취소할 수 없다.
> ② 미성년자나 피한정후견인이 속임수로써 법정대리인의 동의가 있는 것으로 믿게 한 경우에도 제1항과 같다.

(1) 속임수의 의미

① 판례에 의하면 적극적인 기망(법정대리인의 동의서 위조 등)만을 속임수로 보고, 소극적인 기망은 속임수로 보지 않는다. 이는 제한능력자를 보호하고자 하는 입장이다.

② 판례에 의하면, '성년이다.', '군대 갔다 왔다.', '회사의 사장이다.'라고 말하는 소극적인 기망은 제17조의 속임수에 해당하지 않으므로 취소할 수 있다.

③ 속임수에 대한 입증책임은 상대방 측에 있다.

④ 피성년후견인이 능력자로 속임수를 쓴 경우에는 그 행위를 취소할 수 없다(제17조 제1항).

⑤ 피성년후견인이 법정대리인의 동의서를 위조하여 속임수를 쓴 경우, 그 행위를 취소할 수 있다(제17조 제2항).

(2) 속임수를 쓴 경우의 효과

① 속임수가 인정되면 제한능력자뿐만 아니라 법정대리인도 제한능력을 이유로 취소할 수 없다.

② 취소할 수 없으면 그 법률관계는 유효로 확정된다. 따라서 제한능력자 측뿐만 아니라 거래의 상대방도 더 이상 철회권, 거절권 등을 행사할 수 없다.

06 부재자

1 의 의

(1) 부재자란 종래의 주소나 거소를 떠나 당분간 돌아올 가능성이 없는 자를 말한다. 민법상 부재자란 단순히 주거나 거소를 떠나 돌아올 가능성이 없는 자만을 의미하는 것은 아니고 재산관리의 필요성이 있어야 한다.

(2) 부재자는 반드시 생사불명이어야 할 필요는 없다.

(3) 부재자는 성질상 자연인에 한하며, 법인에게는 부재자에 관한 규정이 적용될 수 없다.

2 부재자의 재산관리인의 종류

(1) 부재자가 위임계약을 통하여 직접 선임한 재산관리인(임의대리인)

① 부재자가 스스로 재산관리인을 둔 경우, 그 관리인은 부재자의 수임인이며 또한 임의대리인이다.

② 부재자로부터 재산처분권까지 부여받았다면, 재산의 처분에 법원의 허가를 요하지 않는다.

③ 예외적으로 본인의 부재 중 재산관리인의 권한이 소멸한 경우(제22조 제1항 후단), 부재자의 생사가 불명한 경우(제23조)에 법원에 의하여 유임된 재산관리인은 임의대리인에서 법정대리인으로 성격이 바뀌므로 부재자의 재산을 처분하고자 할 때에는 법원의 허가를 얻어야 한다.

(2) 부재자가 재산관리인을 선임하지 아니하여 법원에서 선임한 재산관리인(법정대리인)

① 가정법원에 의하여 선임된 재산관리인은 일종의 법정대리인이다. 다만, 법정대리인이라 하더라도 선임된 재산관리인은 언제든지 사임할 수 있고, 법원도 언제든지 개임할 수 있다.

② 재산관리인은 보수청구권을 가진다(제26조 제2항).

③ 재산관리인이 재산관리를 위하여 지출한 필요비와 그 이자 및 과실 없이 입은 손해의 배상을 청구할 수 있다(제688조).

④ **법원에서 선임한 재산관리인의 권한**

  ㉠ 재산관리인도 부재자 재산에 대하여 보존행위, 이용·개량행위(관리행위)는 법원의 허가 없이 할 수 있다.

  ㉡ 재산관리인의 처분행위에 대한 법원의 허가는 장래의 처분행위에 대한 허가(사전 허가)뿐만 아니라 기왕의 처분행위를 추인(사후허가)하는 방법으로도 할 수 있다.

  ㉢ 법원의 허가를 받은 처분행위이더라도 그 처분행위는 부재자를 위한 범위에 한정된다. 따라서 허가를 받은 처분행위라고 하더라도 부재자의 이익과 관련 없는 재산관리인 자신의 이익이나 제3자를 위한 처분행위는 무효이다.

⑤ **재산관리인의 권한이 소멸하는 시기**

  ㉠ 재산관리인이 부재자의 사망을 확인하였더라도, 법원에 의하여 재산관리인 선임결정이 취소되지 않는 한, 재산관리인은 계속하여 권한을 행사할 수 있다.

  ㉡ 부재자의 사망을 확인하였다 하더라도 곧바로 재산관리인의 권한이 소멸하는 것은 아니다. 재산관리인의 권한이 소멸하는 시기는 법원의 선임결정이 취소된 때이다.

  ㉢ 재산관리인 선임결정의 취소는 소급효가 없으므로, 후에 선임결정이 취소되더라도 그 이전에 법원의 허가를 얻어서 행한 재산관리인의 처분행위는 유효하다.

관련판례

1. 부재자의 재산에 대한 임대료 청구 또는 불법행위로 인한 손해배상청구는 허가를 요하지 않는다(대판 1957.10.14, 4290민재항104).

2. 법원의 재산관리인의 초과행위허가의 결정은 그 허가받은 재산에 대한 장래의 처분행위를 위한 경우뿐만 아니라 기왕의 처분행위를 추인하는 행위로도 할 수 있다(대판 1982.9.14, 80다3063).

3. 부재자 재산관리인이 법원의 매각처분허가를 얻었다 하더라도 부재자와 아무런 관계가 없는 남의 채무의 담보만을 위하여 부재자 재산에 근저당권을 설정하는 행위는 통상의 경우 객관적으로 부재자를 위한 처분행위로서 당연하다고는 경험칙상 볼 수 없다(대결 1976.12.21, 75마551).

4. 법원이 선임한 부재자의 재산관리인은 그 부재자의 사망이 확인된 후라 할지라도 위 선임결정이 취소되지 않는 한 그 관리인으로서의 권한이 소멸되는 것은 아니다(대판 1971. 3.23, 71다189).

5. 부재자 재산관리인이 권한초과행위의 허가를 받고 그 선임결정이 취소되기 전에 위 권한에 의하여 이뤄진 행위는 부재자에 대한 실종선고기간이 만료된 후에 이뤄졌다고 하더라도 유효한 것이고 그 재산관리인의 적법한 권한행사의 효과는 이미 사망한 부재자의 재산상속인에게 미친다(대판 1975.6.10, 73다2023).

07 실종선고

1 실종선고의 요건

(1) 부재자의 생사불명(生死不明)일 것

① 가족관계등록부에 사망으로 기재된 자에 대해서는 실종선고를 할 수 없다.

② 이미 실종선고를 받은 자에 대하여 타인의 청구에 의하여 이중으로 실종선고가 내려진 경우, 후에 내려진 이중실종선고는 무효이므로 후의 이중실종선고를 기초로 상속관계를 판단하는 것은 위법이다.

(2) 실종기간이 경과할 것

① 보통실종(예 가출, 생존이 확인된 최후의 시기 등)의 실종기간은 5년이다.

② 특별실종(예 전쟁실종, 비행기실종, 선박실종, 위난실종)의 실종기간은 1년이다.

(3) 이해관계인 또는 검사의 청구가 있을 것

① 법률상 이해관계인만 청구할 수 있고, 사실상 이해관계인(예 사실혼 배우자, 사실상 동거하는 자 등)은 실종선고를 청구할 수 없다.

② 1순위 상속인이 존재하면, 2순위 상속인(형·제·자·매 등)은 실종선고를 청구할 수 없다.

(4) 6개월 이상의 공시최고를 할 것

2 실종선고의 효과

> 제28조【실종선고의 효과】실종선고를 받은 자는 전조의 기간이 만료된 때에 사망한 것으로 본다.

(1) 사망간주

① 간주규정이므로, 실종선고가 취소되지 않는 한 반증을 들어서 실종선고의 효과를 다툴 수 없다.

② 실종선고는 대세적 효력이 있다.

(2) 사망으로 간주되는 시기

① 실종선고에 의하여 사망으로 간주되는 시기는 실종기간 만료시에 사망으로 간주된다.

>> 실종기간 개시시(최후의 소식이 있는 때) ×, 실종선고시 ×

② 실종기간 만료시에 사망으로 간주되기에, 실종선고는 소급효가 있다.

③ 실종선고의 효력이 발생하기 전에는 실종기간이 만료된 실종자라 하여도, 소송상 당사자능력을 상실하지는 않는다. 따라서 실종기간이 만료된 실종자를 상대로 하여 제기된 소도 적법하고, 실종자를 상대로 하여 선고된 판결도 유효하다.

(3) 사망으로 간주되는 범위

① 사법적 법률관계에서만 사망으로 간주되고, 공법적 법률관계(선거권 등)에서는 사망으로 간주되지 않는다.

>> 실종선고를 받으면 선거권을 상실한다. (×)

② 실종선고를 받은 자도 권리능력은 있다.

>> 실종선고를 받으면 권리능력을 상실한다. (×)

③ 실종선고를 받은 자라도 다른 지역에서 행한 법률행위나 종전의 주소로 돌아와 체결한 법률행위는 실종선고가 취소되지 않았더라도 유효하다.

3 실종선고의 취소

> 제29조【실종선고의 취소】① 실종자의 생존한 사실 또는 전조의 규정과 상이한 때에 사망
> 한 사실의 증명이 있으면 법원은 본인, 이해관계인 또는 검사의 청구에 의하여 실종선고를
> 취소하여야 한다. 그러나 실종선고 후 그 취소 전에 선의로 한 행위의 효력에 영향을 미치
> 지 아니한다.
> ② 실종선고의 취소가 있을 때에 실종의 선고를 직접원인으로 하여 재산을 취득한 자가 선의
> 인 경우에는 그 받은 이익이 현존하는 한도에서 반환할 의무가 있고, 악의인 경우에는 그
> 받은 이익에 이자를 붙여서 반환하고 손해가 있으면 이를 배상하여야 한다.

(1) 원칙(소급효 ○)

선고 전의 상태로 복귀, 실종선고 후 취소 전에 행한 행위는 소급적으로 무효가 된다.

(2) 예외(소급효 ×)

실종선고 후(실종기간 만료 후 ×) 취소 전에 선의로 한 행위는 유효하다. 즉, 실종선
고가 취소되더라도 영향을 받지 않는다.

(3) 실종선고를 직접 원인으로 하여 재산을 취득한 자의 반환범위

① 선의라면 '현존이익'을 반환하면 된다.
② 악의라면 '이익 + 이자 + 손해'를 배상하여야 한다.

(4) 제29조 제1항의 '선의'의 의미

① 통설인 쌍방선의설에 의하면 관계당사자 사이의 법률행위는 관계당사자 모두 선
의라야 실종선고가 취소되더라도 영향을 받지 않아 유효하다. 즉, 실종자의 반환
청구가 인정되지 않는다.

② 신분행위도 양 당사자가 모두 선의라면 후혼(재혼)만 유효하고 전혼은 부활하지
않지만, 어느 일방이 악의이거나 쌍방이 악의라면 후혼은 중혼이 되어 취소할 수
있고 전혼은 부활하여 이혼할 수 있다.

🗂 실종선고와 실종선고의 취소의 비교

구 분		실종선고	실종선고의 취소
공통점		소급효	
차이점	청구권자	이해관계인, 검사의 청구	본인, 이해관계인, 검사의 청구
	공시최고	6월의 공시최고를 요함	공시최고를 요하지 않음

08 법인의 불법행위능력

제35조 【법인의 불법행위능력】 ① 법인은 이사 기타 대표자가 그 직무에 관하여 타인에게 가한 손해를 배상할 책임이 있다. 이사 기타 대표자는 이로 인하여 자기의 손해배상책임을 면하지 못한다. ② 법인의 목적범위 외의 행위로 인하여 타인에게 손해를 가한 때에는 그 사항의 의결에 찬성하거나 그 의결을 집행한 사원, 이사 및 기타 대표자가 연대하여 배상하여야 한다.

1 법인의 불법행위가 성립하기 위한 요건

(1) 대표기관의 행위일 것

① 대표기관의 행위에 의해서만 법인의 불법행위가 성립한다. 따라서 이사·직무대행자·임시이사·특별대리인·청산인 등의 행위에 의해서만 법인의 불법행위가 성립한다.

② 대표권이 없는 이사는 법인의 기관이기는 하지만 대표기관은 아니기 때문에 그들의 행위로 인하여 법인의 불법행위가 성립하지 않는다.

③ 법인의 대표자에는 그 명칭이나 직위 여하, 대표자로 등기되었는지 여부를 불문하고 당해 법인을 실질적으로 운영하면서 법인을 사실상 대표하여 법인의 사무를 집행하는 사람을 포함한다.

관련판례

법인에 있어서 그 대표자가 직무에 관하여 불법행위를 한 경우에는 민법 제35조 제1항에 의하여, 법인의 피용자가 사무집행에 관하여 불법행위를 한 경우에는 민법 제756조 제1항에 의하여 각기 손해배상책임을 부담한다(대판 2009.11.26, 2009다57033).

(2) 직무에 관하여 불법행위를 할 것

① '직무에 관하여'의 의미는 행위의 외형상 기관의 직무수행행위라고 볼 수 있는 행위는 물론이고, 그 자체로서는 본래 직무행위에 속하지 않으나 직무행위와 사회관념상 상당한 견련성을 가지는 행위를 포함한다.

② '그 직무에 관한 것'의 의미는 행위의 외형상 법인의 대표자의 직무행위라고 인정할 수 있는 것이라면 설사 그것이 대표자 개인의 사리를 도모하기 위한 것이었거나 혹은 법령의 규정에 위배된 것이었다 하더라도 위의 직무에 관한 행위에 해당한다.

③ 대표자의 행위가 직무에 관한 행위에 해당하지 아니함을 피해자 자신이 알았거나 또는 중대한 과실로 인하여 알지 못한 경우에는 법인에게 손해배상책임을 물을 수 없다.

(3) 제750조의 일반적인 불법행위의 요건을 갖출 것

① 일반적인 불법행위의 요건인 대표기관(가해자)의 고의 또는 과실, 가해행위의 위법성, 피해자(상대방)의 손해발생 등을 갖추어야 한다.

② 간접적인 손해는 제35조에서 말하는 손해의 개념에 포함되지 아니하므로 이에 대하여는 제35조에 의하여 손해배상을 청구할 수 없다.

2 법인의 불법행위가 성립한 경우의 법률효과

(1) 법인의 불법행위가 성립되어 법인과 가해행위를 한 대표기관은 연대하여 상대방에게 손해배상책임을 진다. 주의할 점은 법인의 불법행위가 성립한 경우, 법인뿐만 아니라 가해행위를 한 대표기관도 책임을 진다는 점이다. 즉, 가해행위를 한 대표기관도 책임을 면하지 못한다.

(2) (1)의 경우 법인과 가해행위를 한 대표기관은 부진정연대채무책임을 진다.

(3) 법인이 상대방에게 손해를 배상하면 법인은 대표기관에게 선량한 관리자의 주의의무 위반을 이유로 구상권을 행사할 수 있다(제65조).

(4) 법인이 상대방에게 부담하는 책임의 유형은 법인의 무과실책임이다. 따라서 선임·감독상의 주의의무를 다하였다고 입증하더라도 책임을 면하지 못한다.

(5) 과실상계의 법리가 적용되어 상대방에게 과실이 있다면 법인의 책임이 경감된다.

3 제35조의 적용범위

제35조의 법인의 불법행위능력은 법인 아닌 사단에도 유추적용된다.

09 법인의 기관

1 이 사

(1) 의 의

① 이사는 비영리사단법인 또는 비영리재단법인 모두 반드시 두어야 하는 상설필수기관이다.

② 이사의 임면에 관한 사항은 정관의 필요적 기재사항이다.

③ 이사의 성명과 주소는 등기사항이다.

(2) 이사의 선임과 퇴임

① 이사를 선임하는 행위는 법인과 이사 사이의 일종의 위임과 유사한 계약이다. 그러므로 이사는 선량한 관리자의 주의의무로써 법인의 사무를 처리해야 하며, 위임계약과 유사하므로 자유로운 해지가 가능하다.

② 이사의 해임·퇴임은 정관에 따라야 하지만, 정관에 규정이 없거나 있더라도 불충분하다면 대리와 위임의 규정을 준용하여야 한다.

③ 임기만료 또는 사임으로 물러난 후에도 후임이사의 선임시까지 이사가 존재하지 않으면, 법인으로서는 당장 정상적인 활동을 중단하여야 할 상황에 놓이게 되므로, 제691조의 규정된 위임종료의 경우 급박한 사정이 있는 때와 같으므로 후임이사가 선임될 때까지 이사에게 종전의 업무를 수행할 의무와 권한이 있다.

관련판례

1. 법인의 이사를 사임하는 행위는 상대방 있는 단독행위이다(대판 2011.9.8, 2009다31260).

2. 학교법인의 이사는 법인에 대한 일방적인 사임의 의사표시에 의하여 법률관계를 종료시킬 수 있고, 그 의사표시는 수령권한 있는 기관에 도달됨으로써 바로 효력을 발생하는 것이며, 그 효력발생을 위하여 이사회의 결의나 관할관청의 승인이 있어야 하는 것은 아니다(대판 2003.1.10, 2001다1171).

(3) 이사의 대표권 제한

> **제59조【이사의 대표권】** ① 이사는 법인의 사무에 관하여 각자 법인을 대표한다. 그러나 정관에 규정한 취지에 위반할 수 없고 특히 사단법인은 총회의 의결에 의하여야 한다.
> ② 법인의 대표에 관하여는 대리에 관한 규정을 준용한다.
>
> **제60조【이사의 대표권에 대한 제한의 대항요건】** 이사의 대표권에 대한 제한은 등기하지 아니하면 제3자에게 대항하지 못한다.

관련판례

법인의 정관에 법인 대표권의 제한에 관한 규정이 있으나 그와 같은 취지가 등기되어 있지 않다면 법인은 그와 같은 정관의 규정에 대하여 선의냐 악의냐에 관계없이 제3자에 대하여 대항할 수 없다(대판 1992.2.14, 91다24564).

(4) 임시이사와 특별대리인

> **제63조【임시이사의 선임】** 이사가 없거나 결원이 있는 경우에 이로 인하여 손해가 생길 염려 있는 때에는 법원은 이해관계인이나 검사의 청구에 의하여 임시이사를 선임하여야 한다.
>
> **제64조【특별대리인의 선임】** 법인과 이사의 이익이 상반하는 사항에 관하여는 이사는 대표권이 없다. 이 경우에는 전조의 규정에 의하여 특별대리인을 선임하여야 한다.

① 임시이사는 이사가 없거나 결원이 있는 경우 이로 인하여 법인에게 손해가 생길 염려가 있는 때에 법원에서 선임하는 법인의 대표기관이다.

② 특별대리인은 법인과 이사의 이익이 상반하는 사항에 관하여 법원에서 선임하는 법인의 대표기관이다.

③ 임시이사와 특별대리인을 선임하는 절차는 동일하다. 즉, 이해관계인이나 검사의 청구에 의하여 법원에서 선임한다는 점에서 동일하다.

④ 임시이사와 특별대리인은 법인의 대표기관이지만, 상설필수기관은 아니라는 점에서 동일하다.

(5) 이사의 직무대행자

> **제60조의2【직무대행자의 권한】** ① 제52조의2의 직무대행자는 가처분명령에 다른 정함이 있는 경우 외에는 법인의 통상사무에 속하지 아니한 행위를 하지 못한다. 다만, 법원의 허가를 얻은 경우에는 그러하지 아니하다.
> ② 직무대행자가 제1항의 규정에 위반한 행위를 한 경우에도 법인은 선의의 제3자에 대하여 책임을 진다.

① 직무대행자란 당사자의 청구에 의하여 이사의 선임결정의 무효 또는 이사의 직무집행이 부적당하고 인정되는 때에 법원에서 선임하는 법인의 대표기관을 말한다.

② **직무대행자의 권한**

　㉠ 직무대행자는 원칙적으로 법인의 통상적인 사무에 속하는 행위만을 할 수 있다.

　㉡ 법원의 허가를 얻으면 통상적인 사무에 속하지 아니하는 행위도 할 수 있다.

　㉢ 직무대행자가 법원의 허가를 얻지 않고 법인의 통상적인 사무에 속하지 아니하는 행위를 한 경우, 법인은 선의의 제3자에게 책임을 진다. 그러나 악의의 제3자에게는 책임을 지지 아니한다.

2 감 사

> 제66조【감 사】법인은 정관 또는 총회의 결의로 감사를 둘 수 있다.
>
> 제67조【감사의 직무】감사의 직무는 다음과 같다.
>   1. 법인의 재산상황을 감사하는 일
>   2. 이사의 업무집행의 상황을 감사하는 일
>   3. 재산상황 또는 업무집행에 관하여 부정, 불비한 것이 있음을 발견한 때에는 이를 총회 또는 주무관청에 보고하는 일
>   4. 전호의 보고를 하기 위하여 필요 있는 때에는 총회를 소집하는 일

(1) 감사는 법인의 필수기관은 아니며 임의기관이다.

(2) 감사는 자연인뿐만 아니라 법인도 될 수 있다.

(3) 감사는 선량한 관리자의 주의의무로 직무를 수행하여야 한다.

10 법인의 소멸

1 법인의 해산

> 제77조【해산사유】① 법인은 존립기간의 만료, 법인의 목적의 달성 또는 달성의 불능 기타 정관에 정한 해산사유의 발생, 파산 또는 설립허가의 취소로 해산한다.
> ② 사단법인은 사원이 없게 되거나 총회의 결의로도 해산한다.

(1) 의 의

법인의 해산사유가 발생하면 주무관청의 허가 또는 법원의 허가가 없더라도 당연히 법인은 해산한다.

» 해산사유가 발생하면 해산하는 것이지 해산사유가 발생하였다는 것만 가지고 법인이 소멸하는 것은 아니다.

(2) 사단법인과 재단법인의 공통적 해산사유

① 존립기간의 만료 기타 정관으로 정한 해산사유의 발생

② 법인의 목적의 달성 또는 달성 불능

③ 법인의 파산

④ 주무관청의 설립허가의 취소

(3) 사단법인의 특유한 해산사유

① 사원이 한명도 없게 된 때

② 사원총회의 4분의 3 이상의 해산결의가 있는 때

2 법인의 청산

(1) 의 의

① 법인의 청산에 관한 민법의 규정은 강행규정이다. 따라서 청산에 관하여 정관으로 다르게 정하였다면 그 정관은 무효이다.

② 청산법인은 청산의 목적범위 내에서만 권리능력이 인정된다.

(2) 청산인

> 제82조 【청산인】 법인이 해산한 때에는 파산의 경우를 제하고는 이사가 청산인이 된다. 그러나 정관 또는 총회의 결의로 달리 정한 바가 있으면 그에 의한다.
>
> 제83조 【법원에 의한 청산인의 선임】 전조의 규정에 의하여 청산인이 될 자가 없거나 청산인의 결원으로 인하여 손해가 생길 염려있는 때에는 법원은 직권 또는 이해관계인이나 검사의 청구에 의하여 청산인을 선임할 수 있다.

(3) 청산인의 직무

> 제87조 【청산인의 직무】 ① 청산인의 직무는 다음과 같다.
> 1. 현존사무의 종결
> 2. 채권의 추심 및 채무의 변제
> 3. 잔여재산의 인도
> ② 청산인은 전항의 직무를 행하기 위하여 필요한 모든 행위를 할 수 있다.

(4) 청산절차

① 청산인은 취임한 날로부터 2월 내에 3회 이상의 공고로 (알지 못하는) 채권자에게 2월 이상의 기간 내에 그 채권을 신고할 것을 최고하여야 한다. 이 경우 채권신고기간 내에 신고하지 않으면 청산으로부터 제외될 것을 표시하여야 한다.

② 청산인은 알고 있는 채권자들에게 개별적으로 채권신고를 최고하여야 하고, 이 경우 알고 있는 채권자는 청산에서 제외하지 못한다.

③ 청산인은 채권신고기간 내에 변제기가 도래한 채권이라고 하더라도 채권자에게 변제하지 못한다.

④ 청산 중의 법인은 채권신고기간 후에는 변제기에 이르지 아니한 채권에 대해서도 변제할 수 있다.

⑤ 청산 중의 법인은 잔여재산에 대하여 정관으로 지정한 자에게 귀속하여야 한다.

관련판례

1. 민법 제80조 제1항, 제81조 및 제87조 등 청산절차에 관한 규정은 모두 제3자의 이해관계에 중대한 영향을 미치는 것으로서 강행규정이므로 해산한 법인이 잔여재산의 귀속자에 관한 정관규정에 반하여 잔여재산을 달리 처분할 경우 그 처분행위는 청산법인의 목적범위 외의 행위로서 특단의 사정이 없는 한 무효이다(대판 2000.12.8, 98두5279).

2. 민법 제80조 제1항과 제2항의 각 규정 내용을 대비하여 보면, 법인 해산시 잔여재산의 귀속권리자를 직접 지정하지 아니하고 사원총회나 이사회의 결의에 따라 이를 정하도록 하는 등 간접적으로 그 귀속권리자의 지정방법을 정해 놓은 정관규정도 유효하다(대판 1995.2.10, 94다13473).

11 법인 아닌 사단(非法人社團)

1 의 의

(1) 법인 아닌 사단도 설립등기는 갖추지 않았더라도 사단의 실질은 갖추어야 한다. 즉, 일정한 구성원들에 의하여 단체를 설립하여 고유의 목적을 가지고 사단적 성격을 가지는 규약을 만들어 이에 근거하여 의사결정기관 및 집행기관인 대표자를 두는 등의 조직을 갖추고 있고, 기관의 의결이나 업무집행방법이 다수결의 원칙에 의하여 행하여지며, 구성원의 가입·탈퇴 등으로 인한 변경에 관계없이 단체 자체가 존속하여야 한다.

(2) 법인 아닌 사단도 당사자능력과 등기능력이 인정된다.

(3) 법인 아닌 사단도 성문의 규약은 아니더라도 사단법인의 정관에 상응하는 것은 존재하여야 한다.

관련판례

민법상의 조합과 법인격은 없으나 사단성이 인정되는 비법인사단을 구별함에 있어서는 일반적으로 그 단체성의 강약을 기준으로 판단하여 한다(대판 1999.4.23, 99다4504).

2 법인 아닌 사단의 재산의 소유형태(총유)

> **제275조【물건의 총유】** ① 법인이 아닌 사단의 사원이 집합체로서 물건을 소유할 때에는 총유로 한다.
> ② 총유에 관하여는 사단의 정관 기타 계약에 의하는 외에 다음 2조의 규정에 의한다.
> **제276조【총유물의 관리, 처분과 사용, 수익】** ① 총유물의 관리 및 처분은 사원총회의 결의에 의한다.
> ② 각 사원은 정관 기타의 규약에 좇아 총유물을 사용, 수익할 수 있다.
> **제277조【총유물에 관한 권리의무의 득상】** 총유물에 관한 사원의 권리의무는 사원의 지위를 취득상실함으로써 취득상실 된다.

관련판례

1. 비법인사단에 대하여는 사단법인에 관한 민법규정 가운데서 법인격을 전제로 하는 것을 제외하고는 이를 유추적용하여야 할 것이다(대판 1996.9.6, 94다18522).

2. 민법 제63조(임시이사)는 법인 아닌 사단이나 재단에도 유추적용할 수 있다(대결 전합 2009.11.10, 2008마699).

3. 비법인사단의 경우에는 대표자의 대표권 제한에 관하여 등기할 방법이 없어 민법 제60조의 규정을 준용할 수 없다(대판 2003.7.22, 2002다64780).

4. 총유재산에 관한 소송은 법인 아닌 사단이 그 명의로 사원총회의 결의를 거쳐 하거나 또는 그 구성원 전원이 당사자가 되어 필수적 공동소송의 형태로 할 수 있을 뿐 그 사단의 구성원은 설령 그가 사단의 대표자라거나 사원총회의 결의를 거쳤다 하더라도 그 소송의 당사자가 될 수 없고, 이러한 법리는 총유재산의 보존행위로서 소를 제기하는 경우에도 마찬가지라 할 것이다(대판 전합 2005.9.15, 2004다44971).

5. 비법인사단이 타인 간의 금전채무를 보증하는 행위는 총유물 그 자체의 관리·처분이 따르지 아니하는 단순한 채무부담행위에 불과하여 이를 총유물의 관리·처분행위라고 볼 수는 없다(대판 전합 2007.4.19, 2004다60072·60089).

6. 비법인사단이 총유물에 관한 매매계약을 체결하는 행위는 총유물 그 자체의 처분이 따르는 채무부담행위로서 총유물의 처분행위에 해당하나, 그 매매계약에 의하여 부담하고 있는 채무의 존재를 인식하고 있다는 뜻을 표시하는 데 불과한 소멸시효 중단사유로서의 승인은 총유물 그 자체의 관리·처분이 따르는 행위가 아니어서 총유물의 관리·처분행위라고 볼 수 없다(대판 2009.11.26, 2009다64383).

7. 비법인사단인 교회의 대표자는 총유물인 교회재산의 처분에 관하여 교인총회의 결의를 거치지 아니하고는 이를 대표하여 행할 권한이 없다. 그리고 교회의 대표자가 권한 없이 행한 교회재산의 처분행위에 대하여는 민법 제126조의 표현대리에 관한 규정이 준용되지 아니한다(대판 2009.2.12, 2006다23312).

🖰 **법인 · 법인 아닌 사단 · 조합의 비교**

구 분	비영리사단법인	법인 아닌 사단	조 합
설립행위	합동행위	합동행위	쌍무계약
설립등기	○	×	×
권리능력	○	×	×
재산의 소유형태	법인의 단독소유	총유	합유
등기능력	○	○	×
당사자능력	○	○	×
불법행위능력	○	○	×
구성원 상호 간의 규율	정관	정관	계약
대외적 거래의 주체	법인	법인 아닌 사단	구성원

12 주물, 종물

> **제100조 【주물, 종물】** ① 물건의 소유자가 그 물건의 상용에 공하기 위하여 자기소유인 다른 물건을 이에 부속하게 한 때에는 그 부속물은 종물이다.
> ② 종물은 주물의 처분에 따른다.

1 종물의 요건

(1) 독립한 물건일 것

① 종물은 반드시 독립한 물건이어야 한다. 따라서 주물의 구성부분은 종물이 될 수 없다.

② 독립된 물건이면 되므로, 부동산도 종물이 될 수 있다. 따라서 부동산과 부동산 사이에도 주물 · 종물관계가 인정된다.

(2) 주물의 상용에 이바지할 것

① 상용에 이바지한다는 것은 사회관념상 계속하여 주물 자체의 경제적 효용을 높이는 관계에 있다는 것을 의미한다.

② 주물의 소유자나 이용자의 상용에 공여되고 있더라도, 주물 자체의 효용과 직접적으로 관계되지 않은 물건은 종물이 아니다.

③ 주물의 효용과 관계없는 주물의 소유자(사람)의 편익에 필요한 선풍기, 냉장고, 전화, 침구 등은 종물이 아니다.

(3) 주물의 소유자와 종물의 소유자가 동일할 것

(4) 주물과 종물은 장소적으로 밀접할 것

관련판례

1. 주유소의 주유기는 주유소 건물의 상용에 공하기 위하여 부속시킨 종물이다(대판 1995.6.29, 94다6345).

2. 백화점 건물의 지하 2층 기계실에 설치된 전화교환설비는 백화점 건물의 종물이다(대판 1993.8.13, 92다43142).

3. 정화조는 건물의 구성부분이므로, 종물이 아니다(대판 1993.12.10, 93다42399).

4. 신 폐수처리시설은 종물이 아니다(대판 1997.10.10, 97다3750).

5. 주물과 다른 사람의 소유에 속하는 물건은 종물이 될 수 없다(대판 2008.5.8, 2007다36933 · 36940).

2 종물의 효과

(1) 주물이 처분되면 종물도 처분된다(제100조 제2항).

① 주물과 종물이 법률적 운명공동체라 하더라도 종물은 독립물이므로, 1개의 물건이 아니라 2개의 물건이다.

② 여기서의 처분은 법률행위에 의한 권리변동뿐만 아니라 압류와 같은 공법상의 처분 등도 포함한다.

관련판례

민법 제100조 제2항의 종물과 주물의 관계에 관한 법리는 물건 상호 간의 관계뿐 아니라 권리 상호 간에도 적용된다(대판 2006.10.26, 2006다29020).

(2) 제100조 제2항은 임의규정이다.

주물을 처분할 때 당사자의 약정으로 종물을 제외시킬 수도 있고, 종물만 따로 처분할 수도 있다.

(3) 저당권의 효력은 저당부동산에 부합된 물건과 종물에 미친다(제358조).

주물 위에 저당권이 설정된 경우 그 저당권의 효력은 저당권설정 당시의 종물은 물론 설정 후의 종물에도 미친다.

관련판례

1. 저당권의 효력이 저당부동산에 부합된 물건과 종물에 미친다는 민법 제358조 본문을 유추하여 보면 건물에 대한 저당권의 효력은 그 건물에 종된 권리인 건물의 소유를 목적으로 하는 지상권에도 미친다(대판 1996.4.26, 95다52864).
2. 건물이 증축된 경우에 증축부분의 기존건물에 부합 여부는 증축부분이 기존건물에 부착된 물리적 구조뿐만 아니라, 그 용도와 기능의 면에서 기존건물과 독립한 경제적 효용을 가지고 거래상 별개의 소유권의 객체가 될 수 있는지의 여부 및 증축하여 이를 소유하는 자의 의사 등을 종합하여 판단하여야 한다(대판 1994.6.10, 94다11606).

13 법률행위의 종류

1 의사표시의 개수에 따른 분류

(1) 단독행위

① 상대방 있는 단독행위

> 예 추인, 취소, 해제, 해지, 채무면제, 상계, 재단법인의 이사의 사임행위, 시효이익의 포기, 제한물권의 포기

② 상대방 없는 단독행위

> 예 유증, 재단법인의 설립행위, 점유권의 포기, 소유권의 포기, 상속의 포기

상대방 있는 단독행위와 상대방 없는 단독행위의 구별 실익

1. 상대방 있는 단독행위는 상대방에게 도달하면 효력이 발생하는 데 비하여 상대방 없는 단독행위는 의사표시의 완성과 동시에 효력을 발생한다.
2. 자연적 해석은 주로 상대방 없는 단독행위에서 주로 사용된다.
3. 상대방 없는 단독행위를 무권대리한 경우 항상 무효이며, 추인에도 의하여도 유효로 될 수 없다.
4. 상대방 없는 단독행위에는 통정허위표시가 적용되지 않는다.

③ **단독행위의 한계**

　㉠ 단독행위에는 원칙적으로 조건이나 기한을 붙이지 못한다. 예컨대, 상계의 의
　　사표시에는 조건이나 기한을 붙이지 못한다. 다만, 예외적으로 상대방에게 유리
　　한 단독행위(**예** 유증, 채무면제 등)나 상대방의 동의가 있는 단독행위(**예** 상대방
　　의 동의가 있는 일부추인 등)의 경우에는 조건이나 기한을 붙일 수 있다.

　㉡ 단독행위는 하나의 의사표시만으로 법률효과가 발생하기 때문에 법률의 규정이
　　있거나(단독행위 법정주의) 그에 관한 당사자의 약정이 있는 경우(**예** 채무면제
　　를 당사자의 약정으로 계약으로 하는 경우)에만 허용된다. 따라서 법률의 규정
　　이 없는 한 당사자 임의로 새로운 단독행위를 창설하는 것은 허용되지 않는다.

(2) 계 약

① **의의**: 계약이란 복수의 당사자가 서로 상대방에게 대하여 대응하는, 대립하는 의
　사표시를 함으로써 성립하는 법률행위를 말한다.

② **계약의 종류**

　㉠ 쌍방 간의 계약[**예** 채권계약(매매, 증여, 교환계약 등), 물권계약(저당권설정계
　　약, 지상권설정계약 등), 신분계약(혼인계약 등)]

　㉡ 수인 간의 계약(**예** 2인 이상의 상속재산의 협의분할계약, 조합계약)

(3) 합동행위

① 합동행위란 여러 개의 대립된 의사표시가 아니라 같은 방향의 여러 의사표시가
　합치함으로써 성립하는 법률행위를 의미한다.

　예 사단법인의 설립행위

② 계약은 어느 의사표시에 흠, 하자 등이 있으면 전체 계약에 영향을 미치지만, 합
　동행위는 어느 의사표시에 흠, 하자 등이 있더라도 전체 의사표시에는 영향을 미
　치지 않는다.

　예 사단법인의 설립행위에서 어느 사원의 의사표시의 흠결·하자로 인한 무효·
　　취소사유가 존재하더라도 나머지 사원들의 설립행위는 유효로 본다.

③ 합동행위는 상대방이 없으므로, 통정허위표시가 적용되지 않는다.

④ 합동행위에도 불공정한 법률행위(제104조)가 적용될 수 있다.

2 법률효과의 유형에 따른 분류

(1) 의무부담행위

① 의무부담행위란 채권행위(예 저당권설정계약, 임대차계약, 매매계약 등)처럼 당사자에게 일정한 급부의무를 발생시키는 법률행위를 의미한다.

>> 의무부담행위는 주로 채권행위이지만, 예외적으로 단독행위일 수도 있다.

② **의무부담행위의 특징**

  ㉠ 의무부담행위는 이행의 문제가 남는다.

  ㉡ 처분권 없는 자의 의무부담행위는 유효하다.

    ⓐ 타인소유의 물건의 매매계약(예 타인권리 매매계약)은 유효하다(제569조).

    ⓑ 공유자 1인이 공유물 전부를 매매하는 계약도 유효하다.

(2) 처분행위

① 처분행위란 권리의 변동(권리의 발생, 권리의 변경, 권리의 소멸)을 직접 일으키는 법률행위를 말한다.

② **처분행위의 종류**

  ㉠ 물권행위[예 물권의 이전(소유권의 이전), 물권의 포기, 제한물권의 설정(저당권의 설정 등)]

  ㉡ 준물권행위(예 채권의 양도, 채무면제, 시효이익의 포기, 화해계약)

③ **처분행위의 특징**

  ㉠ 처분행위는 이행의 문제가 남지 않는다.

  ㉡ 처분권 없는 자의 처분행위는 무효이다.

  ㉢ ㉡의 경우, 후에 처분권자가 추인하면 그 처분행위는 유효로 된다.

3 출연의 유무에 따른 분류

(1) 출연행위

출연행위란 자기의 의사로써 자기의 재산을 감소시키면서 타인의 재산을 증가케 하는 행위(예 매매, 임대차)를 의미한다.

(2) 비출연행위

비출연행위란 자기 재산을 감소시키지만 타인의 재산이 증가하지 않은 것(예 소유권의 포기)과 자기 재산을 감소시키지 않는 행위(예 동의, 대리권의 수여)를 의미한다.

(3) 출연행위의 대가의 유무에 따른 분류방법

① **유상행위**

㉠ 매매, 교환 등 자기의 출연에 대하여 상대방으로부터 그에 대응하는 대가를 받을 것을 목적으로 하는 행위를 말한다.

㉡ 유상행위에는 매매에 관한 규정이 준용되고, 담보책임이 인정된다.

② **무상행위**

㉠ 증여, 사용대차 등 자기의 출연에 대하여 상대방으로부터 그에 대응하는 대가를 받지 않는 행위를 말한다.

㉡ 무상행위에는 불공정한 법률행위가 적용되지 않는다. 그리고 담보책임에 관한 규정 역시 적용되지 않는다.

4 법률효과를 발생하기 위하여 일정한 방식을 요하느냐에 따른 분류

(1) 불요식행위

① 불요식행위란 법률행위가 효과를 발생하기 위하여 일정한 방식을 갖추지 않더라도 효력이 발생하는 법률행위를 말한다.

② 민법상 원칙은 불요식행위이다.

(2) 요식행위

① 요식행위란 일정한 방식에 따라 행하여져야 하는 법률행위를 말한다.

② 요식행위는 상대방 없는 단독행위에서 주로 사용된다.

　　☑ 유언, 법인의 설립행위, 어음행위

5 법률행위가 효력을 발생하는 시기에 따른 분류

(1) 생전행위

행위자가 살아있을 때 효력을 발생하는 법률행위를 말하며, 대부분의 법률행위는 여기에 속한다.

(2) 사후행위

유증, 사인증여처럼 행위자의 사망으로 인하여 그 효력이 발생하는 법률행위를 말한다.

14 강행규정

1 강행규정의 의의

(1) 강행규정이란 법령 중 선량한 풍속 기타 사회질서에 관계있는 규정을 말한다.

(2) 강행규정은 당사자의 의사에 의하여 그 적용을 배제할 수 없다.

(3) 강행규정은 사적 자치의 한계를 이룬다.

(4) 강행규정에 위반한 당사자의 약정은 무효이다.

> **강행규정으로 이해되는 것들**
>
> 1. 법질서의 기본구조에 관한 규정(예 능력에 관한 규정 등)
> 2. 제3자 내지 사회 일반의 이해에 직접 영향을 미치는 규정(예 물권법 규정 등)
> 3. 거래의 안전을 위한 규정(예 유가증권 제도 등)
> 4. 경제적 약자를 보호하기 위한 사회정책적 규정(예 제104조, 제608조 등)
> 5. 가족관계의 질서에 관한 규정(예 가족법 규정 등) 등

2 단속규정과 효력규정의 구별

(1) **단속규정**

① 단속규정을 위반하더라도 그 행위는 유효하다.

② 중간생략등기, 비실명금융거래, 투자일임매매약정은 유효하다.

(2) **효력규정**

① 효력규정을 위반하면 그 행위는 무효이다.

② 변호사 아닌 자의 법률상담 등의 행위, 의료인이나 의료법인 등 비영리법인 아닌 자의 의료기관 개설, 수익보장약정 등은 효력규정에 위반하여 무효이다.

3 편면적 강행규정

(1) 강행규정은 원칙적으로 양 당사자 모두에게 적용되지만, 예외적으로 일방 당사자에게만 적용되는 강행규정을 편면적 강행규정이라고 한다.

(2) 지상권자, 임차인, 전차인 등에게 불리한 약정은 편면적 강행규정에 위반되어 무효이다.

4 강행(효력)규정 위반의 효과

(1) 강행규정에 위반하는 법률행위는 무효이다.

> 1. 확정적 무효이므로 후에 추인할 수 없다.
> 2. 절대적 무효이므로 선의의 제3자에게 대항할 수 있다.

(2) 법률행위의 일부가 강행규정에 위반한 경우, 일부무효의 법리(제137조)가 적용된다.

(3) 강행규정에 위반하였더라도 제746조의 불법원인에 해당하지 않는다면, 부당이득반환청구권을 행사할 수 있다.

(4) 강행규정에 위반한 경우에도 법인의 불법행위책임이 성립할 수 있지만, 표현대리는 성립하지 않는다.

관련판례

1. 부동산중개의 수수료 약정 중 소정의 한도액을 초과하는 부분에 대한 사법상의 효력을 제한함으로써 국민생활의 편익을 증진하고자 함에 그 목적이 있는 것이므로 이른바, 강행법규에 속하는 것으로서 그 한도액을 초과하는 부분은 무효라고 보아야 한다(대판 2002.9.4, 2000다54406).

2. 타인의 서면동의 없는 타인의 사망을 보험사고로 하는 보험계약은 강행법규인 상법 제731조 제1항에 위반하여 무효이고, 타인의 생명보험계약 성립 당시 피보험자의 서면동의가 없다면 그 보험계약은 확정적으로 무효가 되고, 피보험자가 이미 무효가 된 보험계약을 추인하였다고 하더라도 그 보험계약이 유효로 될 수 없다(대판 2010.2.11, 2009다74007).

3. 부당이득의 반환청구가 금지되는 사유로 민법 제746조가 규정하는 불법원인이라 함은 그 원인되는 행위가 선량한 풍속 기타 사회질서에 위반하는 경우를 말하는 것으로서 법률의 금지에 위반하는 경우라 할지라도 그것이 선량한 풍속 기타 사회질서에 위반하지 않는 경우에는 이에 해당하지 않는다(대판 2001.5.29, 2001다1782).

15 반사회질서 법률행위

1 반사회질서 법률행위의 효과

(1) 반사회질서 법률행위는 무효이다.

> 1. 확정적 무효이므로 후에 추인할 수 없다.
> 2. 절대적 무효이므로 선의의 제3자에게 대항할 수 있다.

(2) 반사회질서 법률행위는 제746조의 불법원인에 해당하므로 이행 후라면 그 반환을 청구할 수 없다.

2 반사회질서 법률행위에 해당하는 경우

(1) 부첩계약이나 장래의 부첩관계를 승인하는 합의는 처의 동의가 있더라도 무효이고 이에 부수된 약정 예컨대, 처가 사망하면 입적하겠다는 약정 역시 반사회적 법률행위에 해당하여 무효이다(대판 1955.7.14, 4288민상156).

(2) 수사기관에서 참고인으로 자신이 잘 알지 못하는 내용에 대하여 허위의 진술을 하는 경우에 허위진술의 대가로 작성된 각서에 기한 급부의 약정은 그 급부의 상당성 여부와 관계없이 무효이다(대판 2001.4.24, 2000다71999).

(3) 타인의 소송에서 사실을 증언하는 증인이 그 증언을 조건으로 그 소송의 일방 당사자 등으로부터 통상적으로 용인될 수 있는 수준(예컨대, 증인에게 일당 및 여비가 지급되기는 하지만 증인이 증언을 위하여 법원에 출석함으로써 입게 되는 손해에는 미치지 못하는 경우 그러한 손해를 전보하여 주는 정도)을 넘어서는 대가를 제공받기로 하는 약정은 국민의 사법참여행위가 대가와 결부됨으로써 사법작용의 불가매수성 내지 대가무관성이 본질적으로 침해되는 경우로서 반사회적 법률행위에 해당하여 무효이다(대판 2010.7.29, 2009다56283).

(4) 공무원의 직무에 관하여 청탁하고 그 보수로 돈을 지급할 것을 내용으로 한 약정은 무효이다(대판 1995.7.14, 94다51994).

(5) 지방자치단체가 골프장사업계약 승인과 관련하여 사업자로부터 기부금을 지급받기로 한 증여계약은 공무수행과 결부된 금전적 대가로서 그 조건이나 동기가 사회질서에 반하여 무효이다(대판 2009.12.10, 2007다63966).

(6) 행정기관에 진정서를 제출하여 상대방을 궁지에 빠뜨린 다음 이를 취하하는 조건으로 거액의 급부를 받기로 한 약정은 민법 제104조에는 위반되지는 않으나, 민법 제103조에 위반하여 무효이다(대판 2000.2.11, 99다56833).

(7) 어떠한 일이 있어도 이혼하지 않겠다는 각서를 써 주는 경우에서와 같이 신분상의 의사결정을 구속하는 내용의 의사표시는 무효이다(대판 1969.8.19, 69므18).

(8) 영리를 목적으로 윤락행위를 하도록 권유, 유인, 알선 또는 강요하거나 이에 협력하는 것은 선량한 풍속 기타 사회질서에 위반되므로 그러한 행위를 하는 자가 영업상 관계있는 윤락행위를 하는 자에 대하여 가지는 채권은 계약의 형식에 관계없이 무효이다(대판 2004.9.3, 2004다27488).

(9) 당사자 일방이 그의 독점적 지위 내지 우월한 지위를 악용하여, 자기는 부당한 이득을 얻고 상대방에게는 과도한 반대급부를 또는 기타의 부당한 부담을 과하는 법률행위는 반사회적인 것으로서 무효이다(대판 1996.4.26, 94다34432).

⑩ 도박자금에 제공할 목적으로 하는 금전의 소비대차계약은 반사회적 법률행위로 무효이다(대판 1973.5.22, 72다2249).

⑪ [1] 도박채무로 인한 채무의 변제방법으로 토지를 양도하는 계약은 무효이다. 즉, 도박채무와 관련된 변제행위는 무효이다.

　　[2] 도박채무의 변제를 위하여 채무자로부터 부동산의 처분을 위임받은 채권자가 그 부동산을 제3자에게 매도한 경우, 도박채무 부담행위 및 그 변제약정이 민법 제103조의 선량한 풍속 기타 사회질서에 위반되어 무효라 하더라도, 그 무효는 변제약정의 이행행위에 해당하는 위 부동산을 제3자에게 처분한 대금으로 도박채무의 변제에 충당한 부분에 한정되고, 위 변제약정의 이행행위에 직접 해당하지 아니하는 부동산 처분에 관한 대리권을 도박 채권자에게 수여한 행위부분까지 무효라고 볼 수는 없으므로, 위와 같은 사정을 알지 못하는 거래상대방인 제3자가 도박채무자부터 그 대리인인 도박채권자를 통하여 위 부동산을 매수한 행위까지 무효가 된다고 할 수는 없다(대판 1995.7.14, 94다40147).

⑫ 피보험자를 살해하여 보험금을 편취할 목적으로 체결한 생명보험계약은 사회질서에 위배되는 행위로서 무효이고, 따라서 피보험자를 살해하여 보험금을 편취할 목적으로 피보험자의 공동상속인 중 1인이 상속인을 보험수익자로 하여 생명보험계약을 체결한 후 피보험자를 살해한 경우, 다른 공동상속인은 자신이 고의로 보험사고를 일으키지 않았다고 하더라도 보험자에 대하여 보험금을 청구할 수 없다(대판 2000.2.11, 99다49064).

⑬ 보험계약자가 다수의 보험계약을 통하여 보험금을 부정취득할 목적으로 보험계약을 체결한 경우에도 선량한 풍속 기타 사회질서에 반하여 무효이다(대판 2005.7.28, 2005다23858).

⑭ 사찰이 그 존립에 필요불가결한 임야를 처분하는 행위는 무효이다(대판 1991.8.27, 90다19848).

⑮ 민법 제103조에서 정하는 반사회질서의 법률행위는 법률행위의 목적인 권리의무의 내용이 선량한 풍속 기타 사회질서에 위반되는 경우뿐만 아니라, 그 내용 자체는 반사회질서적인 것이 아니라고 하여도 법적으로 이를 강제하거나 법률행위에 사회질서의 근간에 반하는 조건 또는 금전적인 대가가 결부됨으로써 그 법률행위가 반사회질서적 성질을 띠게 되는 경우 및 표시되거나 상대방에게 알려진 법률행위의 동기가 반사회질서인 경우를 포함한다(대판 2009.9.10, 2009다37251).

⑯ 형사사건에 관하여 체결된 성공보수약정도 반사회질서 법률행위에 해당할 수 있다(대판 전합 2015.7.23, 2015다2000111).

3 반사회적 법률행위에 해당하지 않는 경우

(1) 법률행위의 성립과정에서 강박이라는 불법적 방법이 사용된 데 불과한 때에는, 그 불법이 의사표시의 형성에 영향을 미친 경우에는 의사표시의 하자를 이유로 그 효력을 논할 수 있을지언정, 반사회질서의 법률행위로서 무효라고 할 수 없다(대판 2002.12.27, 2000다47361).

(2) 강제집행을 면할 목적으로 부동산에 허위의 근저당권설정등기를 경료하는 행위는 제103조에 해당하는 반사회질서 법률행위로 볼 수 없다(대판 2004.5.28, 2003다70041).

(3) 양도소득세를 회피하기 위한 방법으로 부동산을 명의신탁한 것이라 하더라도 그러한 이유 때문에 민법 제103조의 반사회적 법률행위로서 위 명의신탁이 무효라고 할 수 없다(대판 1991.9.13, 91다16334).

(4) 주택매매계약에서 매도인으로 하여금 주택의 보유기간이 3년 이상으로 되게 함으로써 양도소득세를 부과받지 않게 할 목적으로 매매를 원인으로 한 소유권이전등기는 3년 후에 넘겨받기로 특약을 하였더라도 그와 같은 목적은 위 특약의 연유나 동기에 불과하고 위 특약 자체가 사회질서나 신의칙에 위반된 것으로 볼 수 없다(대판 1991.5.14, 91다6627).

(5) 양도소득세의 일부를 회피할 목적으로 매매계약서에 실제로 거래한 가액을 매매대금으로 기재하지 않고 그보다 낮은 금액을 매매대금으로 기재하였다 하여 그것만으로 그 매매계약이 사회질서에 반하는 법률행위로서 무효로 된다고 할 수는 없다(대판 2007.6.14, 2007다3285).

(6) 매도인이 부담할 공과금을 매수인이 부담하기로 한 약정은 선량한 풍속 기타 사회질서에 반하는 법률행위가 아니다(대판 1993.5.25, 93다296).

(7) 주택개량사업구역 내의 주택에 거주하는 세입자가 주택개량재개발조합으로부터 장차 신축될 아파트의 방 1칸을 분양받을 수 있는 피분양권(이른바 세입자입주권)을 15매나 매수하였고 또 그것이 투기의 목적으로 행하여진 것이라 하여 그것만으로 그 피분양권매매계약이 사회질서에 반하는 법률행위로서 무효로 된다고 할 수 없다(대판 1991.5.28, 90다19770).

(8) 백화점 수수료위탁판매매장계약에서 임차인이 매출신고를 누락하는 경우에, 판매수수료의 100배에 해당하고 신고누락 매출액의 10배에 해당하는 범칙금을 임대인에게 배상하기로 한 위약벌의 약정은 반사회질서에 해당하지 않는다(대판 1993.3.23, 92다46905).

(9) 귀국 후 일정 기간 근무하지 않으면 해외파견 소요경비를 배상한다는 사규나 약정은 근로계약기간이 아니라 경비반환채무의 면제기간을 정한 것이므로 민법 제103조, 제104조에 해당하지 않는다(대판 1982.6.22, 82다카90).

(10) 반사회적 행위에 의하여 조성된 재산인 이른바 비자금을 소극적으로 은닉하기 위하여 임치한 것이 사회질서에 반하는 법률행위로 볼 수 없다(대판 2001.4.10, 2000다49343).

(11) 전통사찰의 주지직을 거액의 금품을 대가로 양도·양수하기로 하는 약정이 있음을 알고도 이를 묵인 혹은 방조한 상태에서 한 종교법인의 주지임명행위는 민법 제103조 소정의 반사회질서 법률행위에 해당하지 않는다(대판 2001.2.9, 99다38613).

(12) 부정행위를 용서받는 대가로 손해를 배상함과 아울러 가정에 충실하겠다는 서약의 취지에서 처에게 부동산을 양도하되, 부부관계가 유지되는 동안에는 처가 임의로 처분할 수 없다는 제한을 붙인 약정은 사회질서에 반하는 것이라고 볼 수 없다(대판 1992.10.27, 92므204).

(13) 불륜관계를 해소하면서 그 첩의 장래 생활대책을 마련해 준다는 뜻에서 금원을 지급하기로 약정한 것이라거나 자녀의 양육비를 지급하기로 약정한 것은 유효하다(대판 1980.6.24, 80다458).

(14) 식품접객업 영업허가명의 및 사업자등록명의의 대여가 사회질서에 반하는 것은 아니다(대판 2004.3.12, 2002도5090).

16 불공정한 법률행위

1 의 의

(1) '불공정한 법률행위(폭리행위)'란 상대방의 궁박·경솔 또는 무경험을 이용하여 자기의 급부에 비하여 현저하게 균형을 잃은 반대급부를 하게 함으로써 부당한 이득을 얻는 행위를 말한다.

(2) 불공정한 법률행위는 제103조 반사회질서 법률행위의 예(例)이다.

(3) 제103조는 일반조항이므로 제104조에는 위반하지는 않는다고 할지라도 제103조에 의해서 무효로 할 수 있다.

2 **불공정한 법률행위의 성립요건**(객관적 요건 + 주관적 요건 + 폭리자의 이용의사)

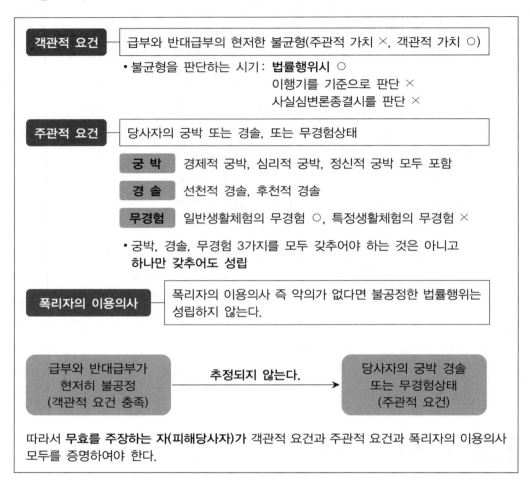

객관적 요건 ─ 급부와 반대급부의 현저한 불균형(주관적 가치 ×, 객관적 가치 ○)

- 불균형을 판단하는 시기: **법률행위시** ○
  이행기를 기준으로 판단 ×
  사실심변론종결시를 판단 ×

주관적 요건 ─ 당사자의 궁박 또는 경솔, 또는 무경험상태

궁 박 경제적 궁박, 심리적 궁박, 정신적 궁박 모두 포함

경 솔 선천적 경솔, 후천적 경솔

무경험 일반생활체험의 무경험 ○, 특정생활체험의 무경험 ×

- 궁박, 경솔, 무경험 3가지를 모두 갖추어야 하는 것은 아니고
  하나만 갖추어도 성립

폭리자의 이용의사 ─ 폭리자의 이용의사 즉 악의가 없다면 불공정한 법률행위는
성립하지 않는다.

| 급부와 반대급부가 현저히 불공정 (객관적 요건 충족) | ──추정되지 않는다.──▶ | 당사자의 궁박 경솔 또는 무경험상태 (주관적 요건) |

따라서 **무효를 주장하는 자(피해당사자)**가 객관적 요건과 주관적 요건과 폭리자의 이용의사
모두를 증명하여야 한다.

3 **불공정한 법률행위의 효과**

(1) 절대적 무효이므로, 선의의 제3자에게 대항할 수 있다.

(2) 확정적 무효이므로, 추인에 의해서 유효로 될 수 없다.

(3) 제103조의 예이므로, 제746조가 적용되어 폭리자는 피해자에게 반환청구할 수 없다.
그러나 피해자는 폭리자에게 반환청구할 수 있다.

(4) 불공정한 법률행위에도 무효행위의 전환에 관한 민법 제138조가 적용될 수 있다.

4 불공정한 법률행위의 적용범위

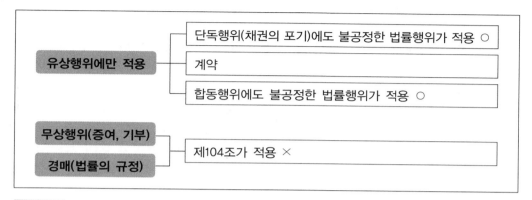

1. 급부와 반대급부 사이의 '현저한 불균형'은 단순히 시가와의 차액 또는 시가와의 배율로 판단할 수 있는 것은 아니고 구체적·개별적 사안에 있어서 일반인의 사회통념에 따라 결정하여야 한다. 그 판단에 있어서는 피해당사자의 궁박·경솔·무경험의 정도가 아울러 고려되어야 하고, 당사자의 주관적 가치가 아닌 거래상의 객관적 가치에 의하여야 한다(대판 2010.7.15, 2009다50308).

2. 불공정한 법률행위가 성립하기 위한 요건인 궁박·경솔·무경험은 모두 구비되어야 하는 요건이 아니라 그중 일부만 갖추어져도 충분한데, 여기에서 '궁박'이라 함은 '급박한 곤궁'을 의미하는 것으로서 경제적 원인에 기인할 수도 있고 정신적 또는 심리적 원인에 기인할 수도 있으며, '무경험'이라 함은 일반적인 생활체험의 부족을 의미하는 것으로서 어느 특정 영역에 있어서의 경험부족이 아니라 거래일반에 대한 경험부족을 뜻하고, 당사자가 궁박 또는 무경험의 상태에 있었는지 여부는 그의 나이와 직업, 교육 및 사회경험의 정도, 재산상태 및 그가 처한 상황의 절박성의 정도 등 제반 사정을 종합하여 구체적으로 판단하여야 하며, 한편 피해당사자가 궁박·경솔 또는 무경험의 상태에 있었다고 하더라도 그 상대방 당사자에게 그와 같은 피해당사자 측의 사정을 알면서 이를 이용하려는 의사, 즉 폭리행위의 악의가 없었다거나 또는 객관적으로 급부와 반대급부 사이에 현저한 불균형이 존재하지 아니한다면 불공정 법률행위는 성립하지 않는다(대판 2002.10.22, 2002다38927).

3. 어떠한 법률행위가 불공정한 법률행위에 해당하는지는 법률행위 당시를 기준으로 판단하여야 하므로, 계약체결 당시를 기준으로 계약내용에 따른 권리·의무관계를 종합적으로 고려한 결과 불공정한 것이 아니라면, 사후에 외부적 환경의 급격한 변화에 따라 계약당사자 일방에게 큰 손실이 발생하고 상대방에게는 그에 상응하는 큰 이익이 발생할 수 있는 구조라고 하여 그 계약이 당연히 불공정한 계약에 해당한다고 말할 수 없다(대판 2015.1.15, 2014다216072).

4. 제104조의 불공정한 법률행위를 주장하는 자는 스스로 궁박·경솔·무경험으로 인하였음을 증명하여야 하고, 그 법률행위가 현저하게 공정을 잃었다 하여 곧 그것이 경솔하게 이루어졌다고 추정하거나 궁박한 사정이 인정되는 것은 아니다(대판 1969.7.8, 69다594).

5. 불공정한 법률행위로서 무효인 경우에는 추인에 의하여 무효인 법률행위가 유효로 될 수 없다(대판 1994.6.24, 94다10900).

6. 매매계약이 약정된 매매대금의 과다로 말미암아 민법 제104조에서 정하는 '불공정한 법률행위'에 해당하여 무효인 경우에도 무효행위의 전환에 관한 민법 제138조가 적용될 수 있다(대판 2010.7.15, 2009다50308).

7. 민법 제104조가 규정하는 현저히 공정을 잃은 법률행위라 함은 자기의 급부에 비하여 현저하게 균형을 잃은 반대급부를 하게 하여 부당한 재산적 이익을 얻는 행위를 의미하는 것이므로 증여계약과 같이 아무런 대가관계 없이 당사자 일방이 상대방에게 일방적인 급부를 하는 법률행위는 그 공정성 여부를 논의할 수 있는 성질의 법률행위가 아니다(대판 2000.2.11, 99다56833).

8. 법인 아닌 어촌계가 취득한 어업권은 어촌계의 총유이고, 그 어업권의 소멸로 인한 보상금도 어촌계의 총유에 속하므로 총유물인 손실보상금의 처분은 원칙적으로 계원총회의 결의에 의하여 결정되어야 할 것이지만, 어업권의 소멸로 인한 손실보상금은 어업권의 소멸로 손실을 입은 어촌계원들에게 공평하고 적정하게 분배되어야 할 것이므로, 어업권의 소멸로 인한 손실보상금의 분배에 관한 어촌계 총회의 결의 내용이 각 계원의 어업권 행사 내용, 어업 의존도, 계원이 보유하고 있는 어업 장비나 멸실된 어업 시설 등의 제반 사정을 참작한 손실의 정도에 비추어 볼 때 현저하게 불공정한 경우에는 그 결의는 무효이다(대판 2003.6.27, 2002다68034).

9. 대리인에 의하여 법률행위가 이루어진 경우 그 법률행위가 민법 제104조의 불공정한 법률행위에 해당하는지 여부를 판단함에 있어서 경솔과 무경험은 대리인을 기준으로 하여 판단하고, 궁박은 본인의 입장에서 판단하여야 한다(대판 2002.10.22, 2002다38927).

10. 매매계약과 같은 쌍무계약이 급부와 반대급부와의 불균형으로 말미암아 민법 제104조에서 정하는 '불공정한 법률행위'에 해당하여 무효라고 한다면, 그 계약으로 인하여 불이익을 입는 당사자로 하여금 위와 같은 불공정성을 소송 등 사법적 구제수단을 통하여 주장하지 못하도록 하는 부제소합의 역시 다른 특별한 사정이 없는 한 무효이다(대판 2010.7.15, 2009다50308).

17 통정허위표시

> **제108조【통정한 허위의 의사표시】** ① 상대방과 통정한 허위의 의사표시는 무효로 한다.
> ② 전항의 의사표시의 무효는 선의의 제3자에게 대항하지 못한다.

1 통정허위표시가 성립하기 위한 요건

(1) 의사표시가 존재하여야 한다.

(2) 표의자의 진의와 표시가 불일치하여야 한다.

(3) 표의자 스스로 그 불일치를 알고 있어야 한다.

(4) 상대방과 통정하여야 한다.

(5) 표의자가 통정하게 된 이유나 동기는 불문한다.

관련판례

통정허위표시가 성립하기 위해서는 의사표시의 진의와 표시가 일치하지 아니하고 그 불일치에 관하여 상대방과 사이에 합의가 있어야 한다(대판 2008.6.12, 2008다7772).

2 통정허위표시의 효과

(1) **당사자 간의 효과**

① 통정한 허위표시는 당사자 사이에는 언제나 무효이다.

② 허위표시가 제746조의 불법(不法)에는 해당하지 않는다는 것이 통설·판례의 입장이다. 즉, 허위표시에 대해서 제746조가 적용되지 않는다.

③ 채무자의 법률행위가 통정허위표시인 경우에도 채권자취소권의 대상이 된다.

④ 가장행위에 대하여 채권자대위권을 행사할 수 있다. 즉, 가장매도인의 채권자는 채무자인 가장매도인을 대위하여 가장매수인에게 무효임을 주장할 수 있다.

⑤ 허위표시는 당사자의 합의에 의하여 철회할 수 있다.

관련판례

채무자의 법률행위가 통정허위표시인 경우에도 채권자취소권의 대상이 되고, 한편 채권자취소권의 대상으로 된 채무자의 법률행위라도 통정허위표시의 요건을 갖춘 경우에는 무효라고 할 것이다(대판 1998.2.27, 97다50985).

(2) 제3자에 대한 효력

① '선의의 제3자에게 대항하지 못한다.'의 의미

ㄱ 제3자는 선의로 추정된다. 따라서 제3자 스스로 자신이 선의임을 증명할 필요는 없고, 허위표시의 무효를 주장하는 자가 제3자의 악의를 입증하여야 한다.

ㄴ 제3자는 선의이면 족하고, 무과실일 필요는 없다. 따라서 제3자가 과실이 있더라도 선의라면 제3자는 보호받는다.

ㄷ 제3자는 허위표시의 무효를 주장할 수 있다.

관련판례

1. 제3자는 특별한 사정이 없는 한 선의로 추정할 것이므로 제3자가 악의라는 사실에 관한 주장·입증책임은 그 허위표시의 무효를 주장하는 자에게 있다(대판 2006.3.10, 2002다1321).

2. 민법 제108조 제2항에 규정된 통정허위표시에 있어서의 제3자는 그 선의 여부가 문제이지 이에 관한 과실 유무를 따질 것이 아니다(대판 2006.3.10, 2002다1321).

② 제3자에 해당하는 자

ㄱ 가장양수인으로부터 목적부동산을 양수한 자

ㄴ 가장양수인으로부터 저당권을 설정받은 자

ㄷ 가장양도의 목적물에 대한 가압류채권자

ㄹ 가장저당권설정행위에 기한 저당권의 실행에 의하여 부동산을 경락받은 자

ㅁ 가장행위에 기한 근저당권부 채권을 가압류한 자

ㅂ 한국자산관리공사

ㅅ 가장소비대차의 대주(貸主)가 파산한 경우의 파산관재인

③ 제3자에 해당하지 않는 자

ㄱ 가장양수인의 일반채권자

ㄴ 채권의 가장양도에서의 채무자

ㄷ 제3자를 위한 계약에서의 제3자

ㄹ 저당권 등 제한물권이 가장포기된 경우의 기존의 후순위 제한물권자

ㅁ 상속인 등의 포괄승계인

ㅂ 주식의 가장양도에서의 회사

1. 통정한 허위표시에 의하여 외형상 형성된 법률관계로 생긴 채권을 가압류한 경우 그 가압류권자는 허위표시에 기초하여 새로이 법률상 이해관계를 가지게 된 제3자에 해당하므로, 그가 선의인 이상 위 통정허위표시의 무효를 그에 대하여 주장할 수 없다 (대판 2010.3.25, 2009다35743).

2. 파산관재인은 그 허위표시에 따라 외형상 형성된 법률관계를 토대로 실질적으로 새로운 법률상 이해관계를 가지게 된 민법 제108조 제2항의 제3자에 해당하고, 그 선의·악의도 파산관재인 개인의 선의·악의를 기준으로 할 수는 없고, 총파산채권자를 기준으로 하여 파산채권자 모두가 악의로 되지 않는 한 파산관재인은 선의의 제3자라고 할 수밖에 없다(대판 2010.4.29, 2009다96083).

18 착오에 의한 의사표시

제109조【착오에 의한 의사표시】 ① 의사표시는 법률행위의 내용의 중요부분에 착오가 있는 때에는 취소할 수 있다. 그러나 그 착오가 표의자의 중대한 과실로 인한 때에는 취소하지 못한다.
② 전항의 의사표시의 취소는 선의의 제3자에게 대항하지 못한다.

1 착오를 이유로 취소하기 위한 요건

(1) 법률행위의 내용의 중요부분에 관한 착오일 것

① 주관적으로 표의자에게 그러한 착오가 없었다면 그 의사표시를 하지 않았을 것이라고 인정될 만큼 중요한 부분이어야 한다.

② 객관적으로 일반인도 표의자의 입장이라면 그러한 의사표시를 하지 않았을 것이라고 인정될 만큼 중요한 부분이어야 한다.

③ 표의자에게 경제적 불이익이 있어야 중요부분에 해당하므로, 표의자에게 경제적 불이익이 없다면 중요부분에 해당하지 않는다.

🗐 중요부분 해당 여부

중요부분에 해당하는 경우	중요부분에 해당하지 않은 경우
• 토지의 현황, 경계에 관한 착오 • 근저당권설정계약에서 채무자의 동일성에 관한 물상보증인의 착오(채무자의 동일성에 관한 착오) • 재건축조합이 건축사 자격 없이 건축연구소를 개설한 건축학 교수에게 건축사 자격 여부를 알지 못한 경우 • 양도소득세액에 관해 양 당사자가 동일한 착오에 빠진 착오	• 시가에 관한 착오 • 지적의 부족 • 착오로 인하여 표의자가 경제적으로 불이익을 입은 것이 아닌 경우 • 공리스에서 리스물건의 존재 여부에 관한 보증인의 착오 • 환율에 관한 착오 • 강제추행을 강간치상으로 오인하고 합의금을 약정한 경우

관련판례

1. 만일 그 착오로 인하여 표의자가 무슨 경제적인 불이익을 입은 것이 아니라고 한다면 이를 법률행위 내용의 중요부분의 착오라고 할 수 없다(대판 1999.2.23, 98다47924).
2. 부동산 매매에서 시가에 관한 착오는 그 부동산을 매매하려는 의사를 결정함에 있어서의 동기의 착오에 불과할 뿐, 법률행위의 중요부분에 관한 착오라고 할 수 없다(대판 1992. 10.23, 92다29337).
3. 甲이 채무자란이 백지로 된 근저당권설정계약서를 제시받고 그 채무자가 乙인 것으로 알고 근저당권설정자로 서명날인을 하였는데 그 후 채무자가 丙으로 되어 근저당권설정등기가 경료된 경우, 甲은 그 소유의 부동산에 관하여 근저당권설정계약상의 채무자를 丙이 아닌 乙로 오인한 나머지 근저당설정의 의사표시를 한 것이고, 이와 같은 채무자의 동일성에 관한 착오는 법률행위 내용의 중요부분에 관한 착오에 해당한다(대판 1995. 12.22, 95다37087).
4. 신용보증기금의 신용보증에 있어서 기업의 신용 유무는 그 절대적인 전제사유로서 신용보증의사표시의 중요부분을 구성한다(대판 2005.5.12, 2005다6228).
5. 재건축조합이 건축사 자격이 없이 건축연구소를 개설한 건축학 교수에게 건축사 자격이 없다는 것을 알았더라면 재건축조합만이 아니라 객관적으로 볼 때 일반인으로서도 이와 같은 설계용역계약을 체결하지 않았을 것으로 보이므로, 재건축조합 측의 착오는 중요부분의 착오에 해당한다(대판 2003.4.11, 2002다70884).
6. 토지 1,389평을 경작할 수 있는 농지인 줄 알고 매수하였으나 그중 600평이 하천을 이루고 있는 경우 중요부분의 착오에 해당한다(대판 1968.3.26, 67다2160).

(2) 표의자에게 중대한 과실이 없을 것

① 중대한 과실이란 표의자의 직업, 행위의 종류, 목적에 비추어 당해 행위에 일반적으로 요구되는 주의를 현저하게 결여한 것을 의미한다.

② 중과실에 대한 입증책임은 상대방(유효를 주장하는 자)이 부담한다.

③ 중대한 과실만 없으면 되므로 표의자에게 과실이 있더라도 취소할 수 있다.

④ 표의자에게 중대한 과실이 있다면 원칙은 취소하지 못한다. 그러나 표의자에게 중대한 과실이 있음을 상대방이 알고 이용한 경우에는 표의자에게 중과실이 있더라도 취소할 수 있다.

관련판례

표의자에게 중대한 과실이 있더라도 당초부터 상대방이 표의자의 중대한 과실이 있음을 알고서 이용한 경우라면 표의자는 중대한 과실이 있더라도 그 의사표시를 취소할 수 있다(대판 1955.11.10, 4288민상321).

2 동기의 착오

동기는 원칙적으로 의사표시의 구성요소가 아니므로 동기의 착오를 이유로 취소하지 못한다. 다만, 예외적으로 동기가 상대방에게 표시된 경우에는 동기의 착오를 이유로 취소할 수 있다.

관련판례

1. 동기의 착오를 이유로 법률행위를 취소할 수 있게 되는 요건으로서의 중요부분의 착오는 표의자가 그 동기를 당해 의사표시의 내용으로 삼을 것을 상대방에게 표시하고 의사표시의 해석상 법률행위의 내용으로 되어있다고 인정되면 충분하고, 당사자들 사이에 별도로 그 동기를 의사표시의 내용으로 삼기로 하는 합의까지 이루어질 필요는 없다(대판 2012.9.27, 2011다106976 · 106983).

2. 일정한 사용목적을 위하여 토지를 매수하였는데 법령상의 제한으로 그 토지를 목적대로 사용할 수 없게 된 경우, 그러한 목적은 동기에 지나지 않기 때문에 착오를 이유로 취소할 수 없다. 따라서 고층아파트를 건축할 수 없게 된 사실은 동기의 착오이므로, 착오를 이유로 취소할 수 없다(대판 1979.9.11, 79다1188).

3. 양돈단지조성을 위하여 임야매매계약이 이루어졌으나 (구)국토이용관리법상의 제약 때문에 양돈단지조성이 불가능하게 된 경우에는 동기의 착오에 불과하므로 착오를 이유로 취소할 수 없다(대판 1996.11.8, 96다35309).

4. 매매대상 토지 중 20~30평 가량만 도로에 편입될 것이라는 중개인의 말을 믿고 주택 신축을 위하여 토지를 매수하였고 그와 같은 사정이 계약체결 과정에서 현출되어 매도인도 이를 알고 있었는데 실제로는 전체 면적의 약 30%에 해당하는 197평이 도로에 편입된 경우, 동기의 착오를 이유로 매매계약을 취소할 수 있다(대판 2000.5.12, 2000다12259).

3 착오에 의한 법률행위의 효과

(1) 착오에 의한 의사표시는 일단은 유효하고 후에 착오를 이유로 취소할 수 있다.

(2) 하나의 법률행위의 일부에만 취소사유가 있는 경우, 그 법률행위가 가분적이거나 그 목적물의 일부가 특정될 수 있고 나머지 부분이라도 유지하려는 당사자의 가정적 의사가 인정되면 그 일부만의 취소도 가능하다.

(3) 착오를 이유로 취소권을 행사한 결과 상대방에게 손해가 발생하였더라도 착오를 이유로 취소한 자는 상대방이 입은 손해를 배상할 의무가 없다. 즉, 착오를 이유로 취소하더라도 불법행위가 성립하지 않는다.

4 다른 제도와의 비교

(1) 원칙적으로 착오와 사기는 서로 다른 별개의 제도이므로 표의자가 어느 쪽이든 그 각각의 요건을 증명하여 착오에 의한 취소권과 사기에 의한 취소권을 각각 선택적으로 행사할 수 있다.

(2) 매도인이 매수인의 채무불이행을 이유로 계약을 적법하게 해제한 후라도 매수인은 자신의 착오를 이유로 계약을 취소할 수 있다.

관련판례

1. 신원보증서류에 서명날인한다는 착각에 빠진 상태로 연대보증의 서면에 서명날인한 경우, 비록 위와 같은 착오가 제3자의 기망행위에 의하여 일어난 것이라 하더라도 그에 관하여는 사기에 의한 의사표시에 관한 법리를 적용할 것이 아니라, 착오에 의한 의사표시에 관한 법리만을 적용하여 취소권 행사의 가부를 가려야 한다(대판 2005.5.27, 2004다43824).

2. 매도인이 매수인의 중도금지급채무불이행을 이유로 매매계약을 적법하게 해제한 후라도 매수인으로서는 상대방이 한 계약해제의 효과로서 발생하는 손해배상책임을 지거나, 매매계약에 따른 계약금의 반환을 받을 수 없는 불이익을 면하기 위하여 착오를 이유로 한 취소권을 행사하여 매매계약 전체를 무효로 돌리게 할 수 있다(대판 1996.12.6, 95다24982·24999).

3. 재단법인의 설립행위도 착오를 이유로 취소할 수 있다(대판 1999.7.9, 98다9045).

19 사기 · 강박에 의한 의사표시

> **제110조【사기, 강박에 의한 의사표시】** ① 사기나 강박에 의한 의사표시는 취소할 수 있다.
> ② 상대방 있는 의사표시에 관하여 제3자가 사기나 강박을 행한 경우에는 상대방이 그 사실을 알았거나 알 수 있었을 경우에 한하여 그 의사표시를 취소할 수 있다.
> ③ 전 2항의 의사표시의 취소는 선의의 제3자에게 대항하지 못한다.

1 사기에 의한 의사표시가 성립하기 위한 요건

(1) 2단의 고의가 있을 것

① 표의자를 기망하여 착오에 빠지게 하려는 고의와 다시 그 착오에 의하여 표의자로 하여금 의사표시를 하게 하려는 2단의 고의가 있어야 한다.

② 과실에 의한 사기의 의사표시는 성립하지 않는다.

③ 표의자에게 경제적 손실이 없더라도 사기를 이유로 취소할 수 있다.

(2) 기망행위가 있을 것

① 기망행위란 표의자에게 진실과 다른 그릇된 관념을 가지게 하거나 진실이 아닌 사실을 진실로써 표시하는 행위, 즉 허위의 사실의 진술 또는 진실한 사실의 은폐 등 일체의 행위를 의미한다.

② 기망행위는 작위에 의한 적극적인 기망행위뿐만 아니라 부작위 등의 침묵도 기망행위에 해당할 수 있다.

(3) 기망행위가 위법할 것

(4) 인과관계가 존재할 것

여기서 요구되는 인과관계는 주관적 인과관계로 족하다. 즉, 객관적 인과관계가 없더라도 주관적 인과관계만 존재한다면 사기에 의한 의사표시가 성립할 수 있다.

관련판례

1. 사기에 의한 의사표시란 타인의 기망행위로 말미암아 착오에 빠지게 된 결과 어떠한 의사표시를 하게 되는 경우이므로 거기에는 의사와 표시의 불일치가 있을 수 없고, 단지 의사의 형성과정, 즉 의사표시의 동기에 착오가 있는 것에 불과하다(대판 2005.5.27, 2004다43824).

2. 상품의 선전·광고에 다소의 과장이나 허위가 수반되는 것은 그것이 일반 상거래의 관행과 신의칙에 비추어 시인될 수 있는 한 기망성이 결여된다고 하겠으나, 거래에 있어서 중요한 사항에 관하여 구체적 사실을 신의성실의 의무에 비추어 비난받을 정도의 방법으로 허위로 고지한 경우에는 기망행위에 해당한다(대판 2014.1.23, 2012다84417).

3. 상가를 분양하면서 그곳에 첨단 오락타운을 조성하고 전문경영인에 의한 위탁경영을 통하여 일정 수익을 보장한다는 취지의 광고를 하였다고 하여 이로써 상대방을 기망하여 분양계약을 체결하게 하였다거나 상대방이 계약의 중요부분에 관하여 착오를 일으켜 분양계약을 체결하게 된 것이라 볼 수 없다(대판 2001.5.29, 99다55601).

4. 일반적으로 교환계약에서 일방 당사자가 자기가 소유하는 목적물의 시가를 묵비하여 상대방에게 고지하지 아니하거나 혹은 허위로 시가보다 높은 가액을 시가라고 고지하였다 하더라도 이는 상대방의 의사결정에 불법적인 간섭을 한 것이라고 볼 수 없다(대판 2002.9.4, 2000다54406·54413).

5. 아파트분양자는 아파트 단지 인근에 쓰레기 매립장이 건설예정인 사실을 분양계약자에게 고지할 신의칙상의 의무를 부담한다(대판 2006.10.12, 2004다48515).

2 강박에 의한 의사표시가 성립하기 위한 요건

(1) 2단의 고의가 있을 것

(2) **강박행위가 있을 것**: 강박행위란 장차 해악이 초래될 것임을 고지하여 공포심을 일으키게 하는 행위를 말한다.

(3) 강박행위가 위법할 것

(4) 인과관계가 존재할 것

관련판례

1. 법률행위의 취소의 원인이 될 강박이 있다고 하기 위하여서는 표의자로 하여금 외포심을 생기게 하고 이로 인하여 법률행위의 의사를 결정하게 할 고의로써 불법으로 장래의 해악을 통고한 경우라야 한다(대판 1992.12.24, 92다25120).

2. 강박에 의한 법률행위가 하자 있는 의사표시로서 취소되는 것에 그치지 않고 나아가 무효로 되기 위하여는, 강박의 정도가 단순한 불법적 해악의 고지로 상대방으로 하여금 공포를 느끼도록 하는 정도가 아니고, 의사표시자로 하여금 의사결정을 스스로 할 수 있는 여지를 완전히 박탈한 상태에서 의사표시가 이루어져 단지 법률행위의 외형만이 만들어진 것에 불과한 정도이어야 한다(대판 2003.5.13, 2002다73708).

3. 각서에 서명날인할 것을 강력히 요구한 것만으로 이를 강박행위라 할 수 없다(대판 1979.1.16, 78다1968).

3 사기·강박에 의한 의사표시의 효과

(1) 상대방으로부터 사기 또는 강박을 당한 경우

① 사기 또는 강박에 의한 의사표시는 원칙적으로 유효하고, 후에 취소할 수 있다.

② 상대방으로부터 사기 또는 강박을 당하여 의사표시를 한 경우, 표의자는 언제든지 의사표시를 취소할 수 있다.

(2) 제3자로부터 사기 또는 강박을 당한 경우

① **상대방 없는 의사표시를 한 경우**: 표의자는 언제든지 의사표시를 취소할 수 있다.

② **상대방 있는 의사표시를 한 경우**: 표의자는 원칙적으로는 그 의사표시를 취소할 수 없고, 상대방이 알았거나 알 수 있었을 경우에 한하여 취소할 수 있다.

관련판례

1. 상대방 있는 의사표시에 관하여 제3자가 사기나 강박을 한 경우에는 상대방이 그 사실을 알았거나 알 수 있었을 경우에 한하여 그 의사표시를 취소할 수 있으나, 상대방의 대리인 등 상대방과 동일시할 수 있는 자의 사기나 강박은 제3자의 사기·강박에 해당하지 아니한다(대판 1999.2.23, 98다60828).

2. 의사표시의 상대방이 아닌 자로서 기망행위를 하였으나 민법 제110조 제2항에서 정한 제3자에 해당되지 아니한다고 볼 수 있는 자란 그 의사표시에 관한 상대방의 대리인 등 상대방과 동일시할 수 있는 자만을 의미하고, 단순히 상대방의 피용자이거나 상대방이 사용자책임을 져야 할 관계에 있는 피용자에 지나지 않는 자는 상대방과 동일시할 수는 없어 이 규정에서 말하는 제3자에 해당한다(대판 1998.1.23, 96다41496).

4 다른 제도와의 비교

(1) 기망에 의하여 하자 있는 권리나 물건에 관한 매매가 성립한 경우에는 담보책임 규정과 제110조가 경합하는데, 매수인은 담보책임과 제110조(사기)에 의한 취소권을 선택적으로 행사할 수 있다.

(2) 사기·강박이 불법행위의 요건을 충족하면 의사표시의 취소와 동시에 불법행위에 기한 손해배상청구권을 행사할 수 있다.

(3) 법률행위가 사기에 의한 것으로서 취소되는 경우, 그 법률행위가 동시에 불법행위를 구성하는 때에는 취소의 효과로 생기는 부당이득반환청구권과 불법행위로 인한 손해배상청구권은 경합하여 병존하는 것이므로, 채권자는 어느 것이라도 선택하여 행사할 수 있지만 중첩적으로 행사할 수는 없다.

(4) 제3자의 기망에 의하여 계약을 체결한 경우, 표의자는 기망에 의한 취소권을 행사하지 않고도 제3자에 대하여 불법행위에 의한 손해배상을 청구할 수 있다.

(5) 화해계약이 사기로 인하여 이루어진 경우에는 화해의 목적인 분쟁에 관한 사항에 착오가 있는 때에도 제110조에 따라 이를 취소할 수 있다.

관련판례

1. 법률행위가 사기에 의한 것으로서 취소되는 경우에 그 법률행위가 동시에 불법행위를 구성하는 때에는 취소의 효과로 생기는 부당이득반환청구권과 불법행위로 인한 손해배상청구권은 경합하여 병존하는 것이므로 채권자는 어느 것이라도 선택하여 행사할 수 있지만 중첩적으로 행사할 수는 없다(대판 1993.4.27, 92다56087).

2. 피해자가 제3자를 상대로 손해배상청구를 하기 위하여 반드시 그 분양계약을 취소할 필요는 없다(대판 1998.3.10, 97다55829).

20 의사표시의 효력발생시기

1 의사표시의 효력발생시기

> **제256조 【부동산에의 부합】** 부동산의 소유자는 그 부동산에 부합한 물건의 소유권을 취득한다. 그러나 타인의 권원에 의하여 부속된 것은 그러하지 아니하다.
>
> **제259조 【가 공】** ① 타인의 동산에 가공한 때에는 그 물건의 소유권은 원재료의 소유자에게 속한다.
> ② 가공자가 재료의 일부를 제공하였을 때에는 그 가액은 전항의 증가액에 가산한다.
>
> **제111조 【의사표시의 효력발생시기】** ① 상대방이 있는 의사표시는 상대방에게 도달한 때에 그 효력이 생긴다.
> ② 의사표시자가 그 통지를 발송한 후 사망하거나 제한능력자가 되어도 의사표시의 효력에 영향을 미치지 아니한다.

(1) 상대방 없는 의사표시는 의사표시의 완성과 동시에 효력을 발생한다.

(2) 상대방 있는 의사표시는 원칙적으로 상대방에게 도달하여야 효력을 발생한다(도달주의).

(3) 의사표시의 발신 후 상대방에게 의사표시가 도달되기 전에 표의자가 사망하거나 행위능력을 상실하여도 그 의사표시는 유효하다.

민법상 발신주의가 적용되는 경우

1. 제한능력자의 상대방에 대한 최고에 대한 확답(제15조)
2. 사원총회의 소집통지(제71조)
3. 무권대리에서 상대방의 최고에 대한 확답(제131조)
4. 격지자 간의 계약성립시기(제531조)
5. 채권자의 채무인수인에 대한 승낙의 통지(제455조 제2항)

관련판례

1. 도달이라 함은 사회통념상 상대방이 통지의 내용을 알 수 있는 객관적 상태에 놓여 있는 경우를 가리키는 것으로서, 상대방이 통지를 현실적으로 수령하거나 통지의 내용을 알 것까지는 필요로 하지 않는다(대판 2008.6.12, 2008다19973).

2. 상대방이 정당한 사유 없이 통지의 수령을 거절한 경우에는 상대방이 그 통지의 내용을 알 수 있는 객관적 상태에 놓여 있는 때에 의사표시의 효력이 생기는 것으로 보아야 한다(대판 2008.6.12, 2008다19973).

3. 내용증명우편이나 등기우편과는 달리, 보통우편의 방법으로 발송되었다는 사실만으로는 그 우편물이 상당기간 내에 도달하였다고 추정할 수 없고 송달의 효력을 주장하는 측에서 증거에 의하여 도달사실을 입증하여야 한다(대판 2002.7.26, 2000다25002).

2 의사표시의 수령능력

제112조【제한능력자에 대한 의사표시의 효력】 의사표시의 상대방이 의사표시를 받은 때에 제한능력자인 경우에는 의사표시자는 그 의사표시로써 대항할 수 없다. 다만, 그 상대방의 법정대리인이 의사표시가 도달한 사실을 안 후에는 그러하지 아니하다.

(1) 표의자는 제한능력자에 대하여 의사표시의 도달을 주장할 수 없으나, 제한능력자 측에서 의사표시의 도달을 주장하는 것은 가능하다.

(2) 법정대리인이 제한능력자에의 도달을 안 후에는 표의자가 의사표시의 도달을 주장할 수 있다.

3 의사표시의 공시송달

제113조【의사표시의 공시송달】 표의자가 과실 없이 상대방을 알지 못하거나 상대방의 소재를 알지 못하는 경우에는 의사표시는 민사소송법 공시송달의 규정에 의하여 송달할 수 있다.

21 임의대리권의 범위

1 대리권의 범위를 정한 경우

관련판례

1. 수권행위의 통상의 내용으로서의 임의대리권은 그 권한에 부수하여 필요한 한도에서 상대방의 의사표시를 수령하는 이른바 수령대리권을 포함하는 것으로 보아야 한다(대판 1994.2.8, 93다39379).

2. 부동산의 소유자로부터 매매계약을 체결할 대리권을 수여받은 대리인은 특별한 사정이 없는 한 그 매매계약에서 약정한 바에 따라 중도금이나 잔금을 수령할 권한도 있다고 보아야 한다(대판 1994.2.8, 93다39379).

3. 매매계약의 체결과 이행에 관하여 포괄적으로 대리권을 수여받은 대리인은 특별한 다른 사정이 없는 한 상대방에 대하여 약정된 매매대금 지급기일을 연기하여 줄 권한도 가진다고 보아야 할 것이다(대판 1992.4.14, 91다43107).

4. 법률행위에 의하여 수여된 대리권은 그 원인된 법률관계의 종료에 의하여 소멸하는 것이므로 특별한 다른 사정이 없는 한 부동산을 매수할 권한을 수여받은 대리인에게 그 부동산을 처분할 대리권도 있다고 볼 수 없다(대판 1991.2.12, 90다7364).

5. 예금계약의 체결을 위임받은 자가 가지는 대리권에 당연히 그 예금을 담보로 하여 대출을 받거나 이를 처분할 수 있는 대리권이 포함되어 있는 것은 아니다(대판 1995.8.22, 94다59042).

6. 본인을 대리하여 금전소비대차 내지 그를 위한 담보권설정계약을 체결할 권한을 수여받은 대리인에게 본래의 계약관계를 해제할 대리권까지 있다고 볼 수 없다(대판 1993.1.15, 92다39365).

7. 대여금의 영수권한만을 위임받은 대리인이 그 대여금 채무의 일부를 면제하기 위하여는 본인의 특별수권이 필요하다(대판 1981.6.23, 80다3221).

8. 통칭 매니저의 대리권의 범위는 연주자의 연주활동의 주선이나 연주에 관하여 공연장확보, 공연비용 또는 출연료결정, 연주일정의 확정 등에만 미칠 뿐 공연계약에 관하여는 대리권이 없다(대판 1993.5.14, 93다4618).

9. 부동산 처분에 관한 서류를 구비하여 타인에게 교부한 경우에 상대방을 특정하지 않은 때에는 타인에게 부동산 처분에 관하여 대리권을 수여한 취지를 표시한 것이라 해석함이 타당하다(대판 1959.7.2, 4291민상329).

10. 소송상 화해나 청구의 포기에 관한 특별수권이 되어있다면, 특별한 사정이 없는 한 그러한 소송행위에 대한 수권만이 아니라 그러한 소송행위의 전제가 되는 당해 소송물인 권리의 처분이나 포기에 대한 권한도 수여되어 있다고 봄이 상당하다(대결 2000.1.31, 99마6205).

11. 인감증명서를 교부하는 행위만 가지고 대리권을 수여하였다고 보기 어렵다(대판 1978.10.10, 78다75).

12. 금전차용의 알선을 의뢰하여 인장을 보관시킨 경우에는 금전차용을 위하여 그에 관한 법률행위의 대리권을 수여한 것으로 못볼 바 아니다(대판 1965.8.24, 65다1174).

2 대리권의 범위를 정하지 않은 경우

> **제118조【대리권의 범위】** 권한을 정하지 아니한 대리인은 다음 각 호의 행위만을 할 수 있다.
>   1. 보존행위
>   2. 대리의 목적인 물건이나 권리의 성질을 변하지 아니하는 범위에서 그 이용 또는 개량하는 행위

(1) 보존행위는 무제한으로 할 수 있다. 가옥의 수선, 소멸시효의 중단, 부패하기 쉬운 물건의 처분, 미등기부동산의 등기 등이 보존행위에 해당한다.

(2) 이용·개량행위는 권리의 성질이 변하지 아니하는 범위에서 할 수 있다. 물건을 임대하거나 무이자 소비대차계약을 이자부 소비대차계약으로 하는 경우 등이 이용·개량행위에 해당한다.

  ≫ 예금을 주식에 투자한다거나, 은행예금을 찾아서 개인에게 대여하는 행위 등은 이용·개량행위라 하더라도 그 성질이 변하는 행위이므로 할 수 없다.

(3) 처분행위는 할 수 없다.

  예 매매, 교환, 채무의 면제, 저당권의 설정 등

(4) 대리권의 범위가 정하여진 경우 또는 표현대리가 성립하는 경우에는 제118조가 적용되지 않는다.

22 대리권의 제한

1 자기계약, 쌍방대리의 금지

> **제124조【자기계약, 쌍방대리】** 대리인은 본인의 허락이 없으면 본인을 위하여 자기와 법률행위를 하거나 동일한 법률행위에 관하여 당사자 쌍방을 대리하지 못한다. 그러나 채무의 이행은 할 수 있다.

(1) **원 칙**

① 대리인의 자기계약 또는 쌍방대리는 금지된다.

② 대리인이 본인의 허락 또는 채무의 이행에 해당하지 않음에도 불구하고 자기계약 또는 쌍방대리를 한 경우에는 무효가 아니라 무권대리가 된다.

(2) 예 외

① 자기계약 또는 쌍방대리라 하더라도 본인의 허락이 있거나 채무의 이행에 해당하는 행위는 할 수 있다.

② 채무의 이행(변제)이라 하더라도 새로운 이해관계가 생기는 대물변제, 경개 또는 기한이 도래하지 않은 채무의 변제, 다툼이 있는 채무의 변제, 항변권이 붙은 채무의 변제 등은 허용되지 않는다.

(3) 적용범위

제124조는 임의대리뿐만 아니라 법정대리에도 적용된다.

> **관련판례**
>
> 1. 부동산 입찰절차에서 동일물건에 관하여 이해관계가 다른 2인 이상의 대리인이 된 경우에는 그 대리인이 한 입찰은 무효이다(대결 2004.2.13, 2003마44).
> 2. 법정대리인인 친권자가 부동산을 매수하여 이를 그 자(子)에게 증여하는 행위는 미성년자인 자(子)에게 이익만을 주는 행위이므로 친권자와 자(子) 사이의 이행상반행위에 속하지 아니하고 또 자기계약이지만 유효하다(대판 1981.10.13, 81다649).

2 공동대리

> **제119조【각자대리】** 대리인이 수인인 때에는 각자가 본인을 대리한다. 그러나 법률 또는 수권행위에 다른 정한 바가 있는 때에는 그러하지 아니하다.

(1) 대리인이 수인이더라도 각자대리가 원칙이다.

(2) 제119조 공동대리는 능동대리에서만 적용되고, 수동대리에서는 적용되지 않는다.

(3) 수인의 대리인이 공동대리를 하여야 함에도 불구하고 각자대리한 경우 무권대리가 된다.

3 대리권의 남용

(1) 의 의

① 대리권 남용이란 대리인이 외형적·형식적으로는 대리권의 범위 내에서 대리행위를 하였지만, 그 행위가 실질적으로 오직 자신 또는 제3자의 이익을 꾀할 목적으로 행하여진 경우를 의미한다.

② 대리권 남용이론은 임의대리뿐만 아니라 법정대리에도 적용된다.

(2) 대리권 남용의 효과

① **원칙**: 대리인의 대리권이 남용되더라도 원칙적으로 유효하다. 즉, 대리인의 대리행위에 대하여 본인은 책임을 진다.

② **예외**: 대리인의 대리권이 남용된 경우 제107조 단서를 유추적용하여 상대방이 대리권 남용사실을 알았거나 알 수 있었을 경우에는 무효이다. 즉, 본인은 계약상의 책임을 지지 않는다.

관련판례

진의 아닌 의사표시가 대리인에 의하여 이루어지고 그 대리인의 진의가 본인의 이익이나 의사에 반하여 자기 또는 제3자의 이익을 위한 배임적인 것임을 그 상대방이 알았거나 알 수 있었을 경우에는 민법 제107조 제1항 단서의 유추해석상 그 대리인의 행위에 대하여 본인은 아무런 책임을 지지 않는다고 보아야 한다(대판 2001.1.19, 2000다20694).

23 복대리

1 의 의

(1) 복대리인이란 대리인이 대리권의 범위에 속하는 행위를 하게 하기 위하여 대리인이 자신의 이름으로 선임한 본인의 대리인이다.

(2) 복대리인은 대리인이 본인의 이름으로 선임하는 것이 아니라 대리인 자신의 이름으로 선임하는 것이므로, 복임행위는 대리행위가 아니다.

(3) 복대리인은 본인의 대리인이다. 즉, 대리인의 대리인은 아니다. 따라서 복대리인은 본인의 이름만을 현명하여야 하며, 대리인의 이름을 현명할 필요가 없다.

(4) 대리인이 복임권을 행사하여 복대리인을 선임한 후에도 대리인의 대리권은 소멸하지 않으며 대리인은 여전히 대리권을 가진다.

(5) 대리인은 대리권한의 범위 내에서 복대리인을 선임한다. 따라서 복대리인은 대리인의 권한 내에서만 대리행위를 할 수 있다.

(6) 복대리인도 본인이나 제3자에 대하여 대리인과 동일한 권리의무가 있다.

(7) 법정대리인 또는 임의대리인에 의하여 선임된 복대리인의 성격은 모두 임의대리인이다.

(8) 복대리인의 행위에 대하여 표현대리가 성립할 수 있다.

(9) 복대리인의 대리권은 대리인의 대리권의 존재 및 범위에 의존한다. 즉, 복대리인의 대리권의 범위는 대리인의 대리권보다 넓을 수 없으며, 대리인의 대리권이 소멸하면 복대리인의 대리권도 소멸한다.

2 임의대리인의 복임권

> **제120조【임의대리인의 복임권】** 대리권이 법률행위에 의하여 부여된 경우에는 대리인은 본인의 승낙이 있거나 부득이한 사유 있는 때가 아니면 복대리인을 선임하지 못한다.
>
> **제121조【임의대리인의 복대리인 선임의 책임】** ① 전조의 규정에 의하여 대리인이 복대리인을 선임한 때에는 본인에게 대하여 그 선임감독에 관한 책임이 있다.
> ② 대리인이 본인의 지명에 의하여 복대리인을 선임한 경우에는 그 부적임 또는 불성실함을 알고 본인에게 대한 통지나 그 해임을 태만한 때가 아니면 책임이 없다.

(1) 원 칙

임의대리인에게는 복임권이 없다.

(2) 예 외

① **임의대리인에게 복임권이 인정되는 경우**

  ㉠ 본인의 승낙

  ㉡ 부득이한 사유

  ㉢ 본인의 지명

② **임의대리인이 복대리인을 선임한 경우의 임의대리인의 책임**

  ㉠ 본인의 승낙 또는 부득이한 사유 등에 의하여 임의대리인이 복대리인을 선임하는 경우, 복대리인에 대한 선임·감독상의 책임을 진다(선임·감독상의 과실책임).

  ㉡ 본인의 지명에 의하여 복대리인을 선임하는 경우, 선임·감독상의 책임이 감경된다. 즉, 부적임 또는 불성실함을 알고 본인에 대한 통지나 그 해임을 태만한 때가 아니면 책임이 없다.

3 법정대리인의 복임권

> **제122조【법정대리인의 복임권과 그 책임】** 법정대리인은 그 책임으로 복대리인을 선임할 수 있다. 그러나 부득이한 사유로 인한 때에는 전조 제1항에 정한 책임만이 있다.

(1) 법정대리인은 언제든지 무과실책임하에서 복임권이 인정된다.

(2) 법정대리인이 부득이한 사유로 인하여 복대리인을 선임한 경우에는 선임·감독상의 과실책임을 진다. 즉, 이 경우 법정대리인은 복대리인의 행위에 대하여 무과실책임을 지는 것은 아니다.

24 표현대리

1 의 의

(1) 표현대리의 법리는 거래의 안전을 위하여 어떠한 외관적 사실을 야기한 데 원인을 준 자는 그 외관적 사실을 믿음에 정당한 이유가 있다고 인정되는 자에 대하여는 책임이 있다는 일반적인 권리외관 이론에 그 기초를 두고 있다.

(2) 강행규정에 위반한 법률행위(무효)에 대하여 표현대리의 법리가 적용될 여지가 없다. 같은 맥락에서 통정허위표시에 대해서도 표현대리가 적용되지 않는다.

(3) 유권대리에 관한 주장 속에는 무권대리에 속하는 표현대리의 주장이 포함되어 있다고 볼 수 없다.

(4) 표현대리가 성립하는 경우 본인은 표현대리행위에 대하여 전적인 책임(무과실책임)을 져야 하고, 상대방에게 과실이 있다고 하여도 과실상계의 법리를 유추적용하여 본인의 책임을 경감할 수 없다. 즉, 표현대리가 성립하는 경우 과실상계의 법리가 적용될 수 없다.

(5) 표현대리는 거래의 상대방을 보호하기 위한 제도이므로 상대방만이 표현대리를 주장할 수 있고, 본인은 표현대리를 주장할 수 없다.

(6) 표현대리에 의해서 보호되는 상대방은 무권대리인과 대리행위를 한 직접 상대방만을 의미하고, 그 상대방과 거래한 전득자는 해당하지 않는다.

⑺ 사실행위에 대해서는 표현대리가 성립하지 않는다.

⑻ 사자(使者)의 행위에 대해서는 표현대리가 성립한다.

⑼ 복대리인의 행위에 대해서도 표현대리가 성립한다.

⑽ 표현대리규정의 중복 적용을 인정한다. 즉, 대리권 소멸 후의 표현대리로 인정되는 경우에도 권한을 넘은 표현대리가 성립할 수 있다.

관련판례

1. 표현대리가 성립된다고 하여 무권대리의 성질이 유권대리로 전환되는 것은 아니므로 양자의 구성요건 해당사실, 즉 주요사실은 다르다고 볼 수밖에 없으니 유권대리에 관한 주장 속에 무권대리에 속하는 표현대리의 주장이 포함되어 있다고 볼 수 없다. 따라서 표현대리에 관한 주장이 없는 한 법원은 나아가 표현대리의 성립 여부를 심리판단할 필요가 없다(대판 전합 1983.12.13, 83다카1489).

2. 표현대리행위가 성립하는 경우에 그 본인은 표현대리행위에 의하여 전적인 책임을 져야 하고, 상대방에게 과실이 있다고 하더라도 과실상계의 법리를 유추적용하여 본인의 책임을 경감할 수 없다(대판 1996.7.12, 95다49554).

3. 비법인사단인 교회의 대표자는 총유물인 교회 재산의 처분에 관하여 교인총회의 결의를 거치지 아니하고는 이를 대표하여 행할 권한이 없다. 그리고 교회의 대표자가 권한 없이 행한 교회 재산의 처분행위에 대하여는 민법 제126조의 표현대리에 관한 규정이 준용되지 아니한다(대판 2009.2.12, 2006다23312).

4. 대리인이 대리권 소멸 후 직접 상대방과 사이에 대리행위를 하는 경우는 물론 대리인이 대리권 소멸 후 복대리인을 선임하여 복대리인으로 하여금 상대방과 사이에 대리행위를 하도록 한 경우에도, 상대방이 대리권 소멸 사실을 알지 못하여 복대리인에게 적법한 대리권이 있는 것으로 믿었고 그와 같이 믿은 데 과실이 없다면 민법 제129조에 의한 표현대리가 성립할 수 있다(대판 1998.5.29, 97다55317).

5. 사술을 써서 대리행위의 표시를 하지 아니하고 단지 본인의 성명을 모용하여 자기가 마치 본인인 것처럼 기망하여 본인 명의로 직접 법률행위를 한 경우에는 특별한 사정이 없는 한 위 법조 소정의 표현대리는 성립될 수 없다(대판 2002.6.28, 2001다49814).

6. 과거에 가졌던 대리권이 소멸되어 민법 제129조에 의하여 표현대리로 인정되는 경우에 그 표현대리의 권한을 넘는 대리행위가 있을 때에는 민법 제126조에 의한 표현대리가 성립할 수 있다(대판 2008.1.31, 2007다74713).

2 대리권수여표시에 의한 표현대리

> **제125조 【대리권수여의 표시에 의한 표현대리】** 제3자에 대하여 타인에게 대리권을 수여함을 표시한 자는 그 대리권의 범위 내에서 행한 그 타인과 그 제3자 간의 법률행위에 대하여 책임이 있다. 그러나 제3자가 대리권 없음을 알았거나 알 수 있었을 때에는 그러하지 아니하다.

(1) 대리권수여표시는 관념의 통지이다.

(2) 대리권수여표시는 불특정다수인에게도 할 수 있다.

(3) 대리권수여표시에 의한 표현대리는 임의대리에서만 적용되고 법정대리에서는 적용되지 않는다.

관련판례

본인에 의한 대리권수여의 표시는 반드시 대리권 또는 대리인이라는 말을 사용하여야 하는 것이 아니라 사회통념상 대리권을 추단할 수 있는 직함이나 명칭 등의 사용을 승낙 또는 묵인한 경우에도 대리권수여의 표시가 있는 것으로 볼 수 있다(대판 1998.6.12, 97다53762).

3 권한을 넘은 표현대리

> **제126조 【권한을 넘은 표현대리】** 대리인이 그 권한 외의 법률행위를 한 경우에 제3자가 그 권한이 있다고 믿을 만한 정당한 이유가 있는 때에는 본인은 그 행위에 대하여 책임이 있다.

(1) 기본대리권이 존재할 것

① 법정대리권도 기본대리권이 될 수 있다.

② 복대리권도 기본대리권이 될 수 있다.

③ 일상가사대리권도 기본대리권이 될 수 있다.

④ 등기신청이라는 공법상의 권리도 기본대리권이 될 수 있다.

⑤ 사실행위는 기본대리권이 될 수 없다.

(2) 월권행위를 할 것

기본대리권과 월권행위는 동종일 필요가 없다.

(3) 상대방에게 정당한 이유가 있을 것

① 정당한 이유의 판단시기는 무권대리행위 당시의 객관적 사정에 의하여야 한다. 무권대리행위 이후의 사정을 고려하여 정당한 이유를 판단하여서는 아니 된다.

② 정당한 이유의 증명책임은 상대방에게 있다.

관련판례

1. 제126조 소정의 권한을 넘는 표현대리규정은 거래안전을 도모하여 거래상대방의 이익을 보호하려는 데에 그 취지가 있으므로 법정대리라고 하여 임의대리와 달리 그 적용이 없다고 할 수 없다(대판 1997.6.27, 97다3828).

2. 표현대리의 법리가 적용될 권한을 넘은 행위는 그 대리인이 가지고 있는 진실한 대리권과 동종임을 필요로 하지 않는다(대판 1963.8.31, 63다326).

3. 정당한 이유의 존부는 자칭 대리인의 대리행위가 행하여질 때에 존재하는 제반 사정을 객관적으로 관찰하여 판단하여야 하는 것이지 당해 법률행위가 이루어지고 난 훨씬 뒤의 사정을 고려하여 그 존부를 결정해야 하는 것은 아니다(대판 1987.7.7, 86다카2475).

4 대리권 소멸 후의 표현대리

> **제129조【대리권 소멸 후의 표현대리】** 대리권의 소멸은 선의의 제3자에게 대항하지 못한다. 그러나 제3자가 과실로 인하여 그 사실을 알지 못한 때에는 그러하지 아니하다.

표현대리 비교

구 분	제125조	제126조	제129조
임의대리 적용 여부	○	○	○
법정대리 적용 여부	×	○	○
선의·무과실의 증명책임	본인	상대방	본인

25 계약의 무권대리

1 본인의 추인권

(1) 추인의 상대방

> **제132조 【추인, 거절의 상대방】** 추인 또는 거절의 의사표시는 상대방에 대하여 하지 아니하면 그 상대방에 대항하지 못한다. 그러나 상대방이 그 사실을 안 때에는 그러하지 아니하다.

본인의 추인은 상대방뿐만 아니라 무권대리인 또는 상대방의 승계인 어느 사람에게도 추인할 수 있다.

관련판례

본인이 무권대리인에게 무권대리행위를 추인한 경우에 상대방이 이를 알지 못하는 동안에는 본인은 상대방에게 추인의 효과를 주장하지 못한다는 취지이므로 상대방은 그때까지 민법 제134조에 의한 철회를 할 수 있고, 또 무권대리인에의 추인이 있었음을 주장할 수도 있다 (대판 1981.4.14, 80다2314).

(2) 추인의 방법

① 무권대리행위의 본인의 추인은 상대방이나 무권대리인의 동의나 승낙을 요하지 않는 상대방 있는 단독행위이다.

② 무권대리행위의 추인은 특별한 방식이 요구되는 것은 아니므로 구술로 하든 서면으로 하든 관계없으며, 재판 외에서 뿐만 아니라 재판상으로도 할 수 있는 불요식행위이다.

③ 무권대리행위의 추인은 무권대리인에 의하여 행하여진 불확정한 행위에 관하여 그 행위의 효과를 자기에게 직접 발생케 하는 것을 목적으로 하는 의사표시이며, 무권대리인 또는 상대방의 동의나 승낙을 요하지 않는 단독행위로서 추인은 의사표시의 전부에 대하여 행하여져야 하고, 그 일부에 대하여 추인을 하거나 그 내용을 변경하여 추인을 하였을 경우에는 상대방의 동의를 얻지 못하는 한 무효이다.

관련판례

1. 본인이 매매계약을 체결한 무권대리인으로부터 매매대금의 전부 또는 일부를 받았다면 특단의 사유가 없는 한 무권대리인의 매매계약을 추인하였다고 봄이 타당하다(대판 1963. 4.11, 63다64).

2. 무권대리행위가 범죄가 되는 경우에 대하여 그 사실을 알고도 장기간 형사고소를 하지 아니하였다 하더라도 그 사실만으로 묵시적인 추인이 있었다고 할 수는 없다(대판 1998.2.10, 97다31113).

3. 무권대리행위에 대하여 이의함이 없이 방치하였다는 사실만으로 추인한 것으로 볼 수 없다 (대판 1990.3.27, 88다카181).

(3) 추인의 효과

제133조 【추인의 효과】 추인은 다른 의사표시가 없는 때에는 계약시에 소급하여 그 효력이 생긴다. 그러나 제3자의 권리를 해하지 못한다.

① 무권대리행위에 대하여 본인의 추인이 있으면 계약시로 소급하여 효력이 생긴다.

② 예외적으로 다른 의사표시가 있으면 소급하지 않는다.

(4) 상속과 추인거절권

무권대리인이 본인을 상속한 후 본인의 지위에서 추인을 거절하는 것은 신의성실의 원칙에 반하여 허용되지 않는다.

2 상대방의 최고권

제131조 【상대방의 최고권】 대리권 없는 자가 타인의 대리인으로 계약을 한 경우에 상대방은 상당한 기간을 정하여 본인에게 그 추인 여부의 확답을 최고할 수 있다. 본인이 그 기간 내에 확답을 발하지 아니한 때에는 추인을 거절한 것으로 본다.

(1) 상대방의 최고는 의사의 통지이며 형성권의 일종이다.

(2) 선의의 상대방은 물론이고 악의의 상대방도 최고할 수 있다.

(3) 최고는 본인에게만 행사할 수 있고, 무권대리인에게는 최고할 수 없다.

(4) 최고의 효과는 확답을 발하지 않으면 추인을 거절한 것으로 본다.

3 상대방의 철회권

> 제134조 【상대방의 철회권】 대리권 없는 자가 한 계약은 본인이 추인이 있을 때까지 상대방은 본인이나 그 대리인에 대하여 이를 철회할 수 있다. 그러나 계약 당시에 상대방이 대리권 없음을 안 때에는 그러하지 아니하다.

(1) 철회권은 선의의 상대방에게만 인정되고, 악의의 상대방은 철회권을 행사할 수 없다.

(2) 본인뿐만 아니라 무권대리인에게도 철회권을 행사할 수 있다.

4 무권대리인의 책임

> 제135조 【상대방에 대한 무권대리인의 책임】 ① 다른 자의 대리인으로서 계약을 맺은 자가 그 대리권을 증명하지 못하고 또 본인의 추인을 받지 못한 경우에는 그는 상대방의 선택에 따라 계약을 이행할 책임 또는 손해를 배상할 책임이 있다.
> ② 대리인으로서 계약을 맺은 자에게 대리권이 없다는 사실을 상대방이 알았거나 알 수 있었을 때 또는 대리인으로서 계약을 맺은 사람이 제한능력자일 때에는 제1항을 적용하지 아니한다.

(1) **제135조가 성립하기 위한 요건**(무권대리인의 책임이 성립하기 위한 요건)

① 대리인이 대리권을 증명하지 못할 것

② 본인의 추인을 얻지 못하였을 것

③ 상대방은 선의·무과실일 것

④ 대리인은 반드시 행위능력자일 것

⑤ 상대방이 철회권을 행사하지 않았을 것

⑥ 표현대리가 성립하지 아니할 것

(2) **제135조가 성립한 경우의 무권대리인의 책임의 내용**

① 무권대리인은 상대방의 선택에 좇아 계약의 이행 또는 손해배상(이행배상)의 책임을 진다.

② 제135조의 책임은 일종의 무과실책임으로 대리행위를 한 자에게 대리행위 당시 객관적으로 대리권이 결여되어 있으면 족하고, 대리권 결여에 관한 대리인의 과실을 요하지 않는다. 즉, 무권대리인의 고의·과실은 불문한다.

③ 상대방의 제135조에 의한 계약이행청구권이나 손해배상청구권(선택채권)의 소멸시효는 선택권을 행사할 수 있을 때부터 진행하고, 선택권을 행사할 수 있는 시기는 대리권의 증명이 없고 추인의 가능성이 없어진 때부터이다.

26 유동적 무효

1 허가받기 전의 매매계약의 효력

(1) 유동적 무효상태의 법률행위는 어디까지나 무효이기 때문에 당사자는 계약에 기한 이행청구를 할 수 없고, 따라서 채무불이행이 아니므로 채무불이행에 기해 계약을 해제할 수도 없다.

(2) 매매계약을 체결한 경우에 있어 관할관청으로부터 토지거래허가를 받기까지는 매매 계약이 그 계약내용대로의 효력이 있을 수 없는 것이어서 매수인으로서도 그 계약내 용에 따른 대금지급의무가 있다고 할 수 없으며, 설사 계약상 매수인의 대금지급의 무가 매도인의 소유권이전등기의무에 선행하여 이행하기로 약정되어 있었다고 하더 라도, 매수인에게 그 대금지급의무가 없음은 마찬가지여서 매도인으로서는 그 대금 지급이 없었음을 이유로 계약을 해제할 수 없다.

(3) 유동적 무효상태에 있는 매매계약에서도 매도인은 계약금의 배액을 상환하고 계약 을 적법하게 해제할 수 있다(해약금 해제 가능).

(4) 협력의무 불이행을 이유로 유동적 무효상태의 거래계약 자체를 해제할 수 없다.

(5) 유동적 무효의 상태에 있다 하더라도 이미 지급한 계약금 등은(확정적 무효로 되기 전까지) 무효를 이유로 부당이득반환청구를 할 수 없다.

(6) 토지거래가 계약당사자의 표시와 불일치한 의사 또는 하자 있는 의사에 의하여 이루 어진 경우에는 이들 사유에 의하여 그 거래의 무효·취소를 주장할 수 있다.

(7) 규제지역 내의 토지에 대하여 거래계약이 체결된 경우에 계약을 체결한 당사자 사이 에 있어서는 그 계약이 효력 있는 것으로 완성될 수 있도록 서로 협력할 의무가 있음 이 당연하므로, 계약의 쌍방 당사자는 공동으로 관할관청의 허가를 신청할 의무가 있고, 이러한 의무에 위배하여 허가신청절차에 협력하지 않는 당사자에 대하여 상대 방은 협력의무의 이행을 소송으로써 구할 이익이 있다.

2 허가받은 후 매매계약의 효력

(1) 허가를 얻은 때에는 그 계약은 소급해서 유효가 되고, 허가 후에 새로이 매매계약을 체결할 필요가 없다.

(2) 관할관청의 허가의 법적 성격은 유동적 무효상태에 있는 법률행위의 효력을 완성시켜 주는 인가적 성질을 띤 것으로 보아야 한다.

3 유동적 무효상태의 법률행위가 확정적으로 무효로 되는 경우

(1) 토지거래허가를 배제하거나 잠탈하는 내용의 계약인 경우

(2) 관할관청의 불허가처분이 확정된 경우

(3) 당사자 일방 또는 쌍방이 허가신청절차협력의무의 이행거절의사를 명백히 표시한 경우

(4) 토지거래허가 전의 매매계약이 정지조건부 계약이었는데, 그 정지조건이 토지거래 허가를 받기 전에 이미 불성취로 확정된 경우

(5) 유동적 무효상태의 매매계약이 통정허위표시, 착오, 사기·강박에 해당하여 무효로 되는 경우

(6) 토지거래허가구역 내에서 중간생략등기를 한 경우

>> 확정적으로 무효가 된 경우, 그에 관해 귀책사유가 있는 당사자도 계약의 무효를 주장할 수 있다.

4 유동적 무효상태의 법률행위가 유효로 확정되는 경우

(1) 관할관청의 허가

(2) 허가구역 지정이 해제되는 경우

(3) 허가구역 지정기간이 만료되었음에도 재지정을 하지 아니한 경우

27 취소할 수 있는 법률행위의 추인과 법정추인

1 취소할 수 있는 법률행위의 추인

> **제143조【추인의 방법, 효과】** ① 취소할 수 있는 법률행위는 제140조에 규정한 자가 추인할 수 있고 추인 후에는 취소하지 못한다.
> ② 전조의 규정은 전항의 경우에 준용한다.

(1) 취소할 수 있는 법률행위의 추인은 형성권이며, 단독행위이다.

(2) 취소할 수 있는 법률행위를 추인하면 그 법률행위는 유효로 확정되기에 더 이상 취소할 수 없다.

(3) 추인권자는 취소권자에 한한다. 다만, 제한능력자는 단독으로 추인할 수 없고 행위능력자가 되거나 법정대리인의 동의를 얻어서 추인할 수 있다.

2 취소할 수 법률행위의 추인의 요건

> **제144조【추인의 요건】** ① 추인은 취소의 원인이 소멸된 후에 하여야만 효력이 있다.
> ② 제1항은 법정대리인 또는 후견인이 추인하는 경우에는 적용하지 아니한다.

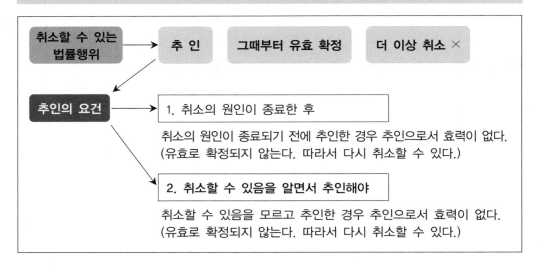

3 법정추인

> **제145조【법정추인】** 취소할 수 있는 법률행위에 관하여 전조의 규정에 의하여 추인할 수 있는 후에 다음 각 호의 사유가 있으면 추인한 것으로 본다. 그러나 이의를 보류한 때에는 그러하지 아니하다.
> 1. 전부나 일부의 이행
> 2. 이행의 청구
> 3. 경개
> 4. 담보의 제공
> 5. 취소할 수 있는 행위로 취득한 권리의 전부나 일부의 양도
> 6. 강제집행

(1) 법정추인의 요건

① 취소의 원인이 종료되어야 한다.

② 법정추인사유가 존재하여야 한다.

③ 이의를 보류하지 않아야 한다.

(2) 법정추인사유

① 전부나 일부의 이행, 이행의 청구, 경개, 담보의 제공, 취소할 수 있는 행위로 취득한 권리의 전부나 일부의 양도, 강제집행이 법정추인사유에 해당한다.

② 법정추인사유 중에서 '이행의 청구' 또는 '취소할 수 있는 행위로 취득한 권리의 전부나 일부의 양도'는 취소권자가 상대방에게 행한 경우만 법정추인사유에 해당하고, 상대방이 취소권자에게 행한 경우에는 법정추인사유에 해당하지 않는다.

4 취소권의 단기소멸

> **제146조【취소권의 단기소멸】** 취소권은 추인할 수 있는 날로부터 3년 내에, 법률행위를 한 날로부터 10년 내에 행사하여야 한다.

(1) 취소권은 추인할 수 있는 날로부터 3년, 법률행위를 한 날로부터 10년 내에 행사하여야 한다. 이 기간을 경과하면 더 이상 취소할 수 없다.

(2) 추인할 수 있는 날의 의미는 취소의 원인이 종료된 날을 의미한다.

(3) 3년과 10년 중 어느 기간이든 먼저 만료되면 취소권은 소멸한다.

(4) 취소권의 행사기간은 제척기간이므로 제척기간이 경과하였는지의 여부는 당사자의 주장에 관계없이 법원에서 직권으로 조사하여 고려한다.

관련판례

1. 민법 제146조 전단에서 취소권의 제척기간의 기산점으로 삼고 있는 추인할 수 있는 날이란 취소의 원인이 종료되어 취소권 행사에 관한 장애가 없어져서 취소권자가 취소의 대상인 법률행위를 추인할 수도 있고 취소할 수도 있는 상태가 된 때를 가리킨다고 보아야 한다(대판 1998.11.27, 98다7421).

2. 환매권(일종의 형성권)의 행사로 발생한 소유권이전등기청구권은 위 기간 제한과는 별도로 환매권을 행사한 때로부터 일반채권과 같이 민법 제162조 소정의 10년의 소멸시효기간이 진행되는 것이지, 위 제척기간 내에 이를 행사하여야 하는 것은 아니다(대판 1991.2.22, 90다13420).

28 조 건

1 의 의

조건이란 법률행위의 효력의 발생 또는 소멸을 장래의 불확실한 사실의 성부(成否)에 의존케 하는 법률행위 부관을 의미한다.

» 1. 과거의 사실, 현재의 사실은 조건이 아니다.
2. 장래에 반드시 실현되는 사실은 기한이지, 조건이 아니다.

2 조건의 요건

(1) 조건은 당사자가 임의로 부가한 것이어야 한다.

(2) 조건은 외부에 표시되어야 한다. 외부에 표시되지 않은 것은 동기에 불과할 뿐 조건이 아니다.

관련판례

1. 어떠한 법률행위가 조건의 성취시 법률행위의 효력이 발생하는 소위 정지조건부 법률행위에 해당한다는 사실은 그 법률행위로 인한 법률효과의 발생을 저지하는 사유로서 그 법률효과의 발생을 다투려는 자에게 주장입증책임이 있다(대판 1993.9.28, 93다20832).

2. 정지조건부 법률행위에 있어서 조건이 성취되었다는 사실은 이에 의하여 권리를 취득하고자 하는 측에서 그 입증책임이 있다(대판 1983.4.12, 81다카692).

3. 동산의 매매계약을 체결하면서, 매도인이 대금을 모두 지급받기 전에 목적물을 매수인에게 인도하지만 대금이 모두 지급될 때까지는 목적물의 소유권은 매도인에게 유보되며 대금이 모두 지급된 때에 그 소유권이 매수인에게 이전된다는 내용의 이른바 소유권유보의 특약을 한 경우(동산의 소유권유보부 매매), 목적물의 소유권을 이전한다는 당사자 사이의 물권적 합의는 매매계약을 체결하고 목적물을 인도한 때 이미 성립하지만 대금이 모두 지급되는 것을 정지조건으로 하므로, 목적물이 매수인에게 인도되었다고 하더라도 특별한 사정이 없는 한 매도인은 대금이 모두 지급될 때까지 매수인 뿐만 아니라 제3자에 대하여도 유보된 목적물의 소유권을 주장할 수 있다(대판 1999.9.7, 99다30534).

4. 주택건설을 위한 토지매매에서 건축허가신청이 불허되면 이를 무효로 한다고 약정한 경우, 해제조건부 매매계약에 해당한다(대판 1983.8.23, 83다카552).

5. 약혼예물의 수수는 약혼의 성립을 증명하고 혼인이 성립한 경우 당사자 내지 양가의 정리를 두텁게 할 목적으로 수수되는 것으로 혼인의 불성립을 해제조건으로 하는 증여와 유사한 성질을 가지므로, 일단 부부관계가 성립하고 그 혼인이 상당기간 지속된 이상 후일 혼인이 해소되어도 그 반환을 구할 수는 없으므로, 비록 혼인 파탄의 원인이 며느리에게 있더라도 혼인이 상당기간 계속된 이상 약혼예물의 소유권은 며느리에게 있다(대판 1996.5.14, 96다5506).

3 가장조건

> **제151조 【불법조건, 기성조건】** ① 조건이 선량한 풍속 기타 사회질서에 위반한 것인 때에는 그 법률행위는 무효로 한다.
> ② 조건이 법률행위의 당시 이미 성취한 것인 경우에는 그 조건이 정지조건이면 조건 없는 법률행위로 하고, 해제조건이면 그 법률행위는 무효로 한다.
> ③ 조건이 법률행위의 당시에 이미 성취할 수 없는 것인 경우에는 그 조건이 해제조건이면 조건 없는 법률행위로 하고, 정지조건이면 그 법률행위는 무효로 한다.

(1) 불법조건이 붙어 있는 법률행위는 조건만 무효가 되는 것이 아니라 법률행위 전부가 무효가 된다.

관련판례

부첩관계인 부부생활의 종료를 해제조건으로 하는 증여는 조건이 사회질서에 반하는 것으로 무효이므로 증여계약 자체가 무효이다(대판 1966.6.21, 66다530).

(2) 조건이 법률행위의 당시 이미 성취한 것인 경우에는 그 조건이 정지조건이면 조건 없는 법률행위로서 유효하다. ⇨ 기정유

(3) 조건이 법률행위의 당시 이미 성취한 것인 경우에는 그 조건이 해제조건이면 그 법률행위는 무효로 한다. ⇨ 기해무

(4) 조건이 법률행위의 당시에 이미 성취할 수 없는 것인 경우에는 조건이 정지조건이면 그 법률행위는 무효로 한다. ⇨ 불정무

(5) 조건이 법률행위의 당시에 이미 성취할 수 없는 것인 경우에는 조건이 해제조건이면 조건 없는 법률행위로서 유효하다. ⇨ 불해유

4 조건부 권리의 보호

> 제148조 【조건부 권리의 침해금지】 조건 있는 법률행위의 당사자는 조건의 성부가 미정한 동안에 조건의 성취로 인하여 생길 상대방의 이익을 해하지 못한다.
> 제149조 【조건부 권리의 처분 등】 조건의 성취가 미정한 권리의무는 일반규정에 의하여 처분, 상속, 보존 또는 담보로 할 수 있다.
> 제150조 【조건성취, 불성취에 대한 반신의행위】 ① 조건의 성취로 인하여 불이익을 받을 당사자가 신의성실에 반하여 조건의 성취를 방해한 때에는 상대방은 그 조건이 성취한 것으로 주장할 수 있다.
> ② 조건의 성취로 인하여 이익을 받을 당사자가 신의성실에 반하여 조건을 성취시킨 때에는 상대방은 그 조건이 성취하지 아니한 것으로 주장할 수 있다.

관련판례

조건의 성취로 인하여 불이익을 받을 당사자가 신의성실에 반하여 조건의 성취를 방해한 경우, 조건이 성취된 것으로 의제되는 시점은 이러한 신의성실에 반하는 행위가 없었더라면 조건이 성취되었으리라고 추산되는 시점이다(대판 1998.12.22, 98다42356).

5 조건성취의 효력

> 제147조 【조건성취의 효과】 ① 정지조건 있는 법률행위는 조건이 성취한 때로부터 그 효력이 생긴다.
> ② 해제조건 있는 법률행위는 조건이 성취한 때로부터 그 효력을 잃는다.
> ③ 당사자가 조건성취의 효력을 그 성취 전에 소급하게 할 의사를 표시한 때에는 그 의사에 의한다.

원칙적으로 조건은 소급효가 없지만 당사자의 약정에 의하여 소급하게 할 수 있다.

29 기 한

1 기한과 조건의 구별

관련판례

1. 부관이 붙은 법률행위에 있어서 부관에 표시된 사실이 발생하지 아니하면 채무를 이행하지 아니하여도 된다고 보는 것이 상당한 경우에는 조건으로 보아야 하고, 표시된 사실이 발생한 때에는 물론이고 반대로 발생하지 아니하는 것이 확정된 때에도 그 채무를 이행하여야 한다고 보는 것이 상당한 경우에는 표시된 사실의 발생 여부가 확정되는 것을 불확정 기한으로 정한 것으로 보아야 한다(대판 2003.8.19, 2003다24215).

2. 임대차계약을 체결함에 있어서 임대기한을 본 건 토지를 임차인에게 매도할 때까지로 정하였다면 별다른 사정이 없는 한 그것은 도래할지의 여부가 불확실한 것이므로 기한을 정한 것이라고 볼 수 없고, 기간의 약정이 없는 것으로 보는 것이 상당하다(대판 1974.5.14, 73다631).

3. 중도금 지급기일을 1층 골조공사 완료시로 정한 것은 중도금 지급의무의 이행기를 장래 도래할 시기가 확정되지 아니한 때, 즉 불확정 기한으로 이행기를 정한 경우에 해당한다(대판 2005.10.7, 2005다38546).

2 기한도래 후의 효과

제152조【기한도래의 효과】 ① 시기 있는 법률행위는 기한이 도래한 때로부터 그 효력이 생긴다.
② 종기 있는 법률행위는 기한이 도래한 때로부터 그 효력을 잃는다.

기한은 언제나 소급효가 없으며, 당사자의 약정에 의해서도 소급효가 인정되지 않는다.

3 기한의 이익

(1) 기한이익의 포기

제153조【기한의 이익과 그 포기】 ① 기한은 채무자의 이익을 위한 것으로 추정한다.
② 기한의 이익은 이를 포기할 수 있다. 그러나 상대방의 이익을 해하지 못한다.

① 기한의 이익은 채무자의 이익을 위한 것으로 추정한다.
② 기한의 이익은 기한이 도래하기 전이라도 미리 포기할 수 있다.
③ 기한의 이익을 포기하면 기한이 도래한다.

(2) 기한이익의 상실

> **제388조 【기한의 이익의 상실】** 채무자는 다음 각 호의 경우에는 기한의 이익을 주장하지 못한다.
> 1. 채무자가 담보를 손상, 감소 또는 멸실하게 한 때
> 2. 채무자가 담보제공의 의무를 이행하지 아니한 때
>
> **채무자 회생 및 파산에 관한 법률 제425조 【기한부 채권의 변제기 도래】** 기한부 채권은 파산선고시에 변제기에 이른 것으로 본다.

① 기한이익의 상실사유가 발생한 것만으로는 기한이 도래하지 않고, 채권자가 채무자에게 이행을 청구하여야 기한이 도래한다.

② 기한이익상실사유가 발생하면 채권자는 채무자에게 즉시 이행을 청구할 수도 있고, 이행기가 도래한 후 채무자에게 이행을 청구할 수도 있다.

③ 채무자가 파산한 경우에는 그 사유만 가지고도 기한이 도래한다.

관련판례

기한이익상실의 특약은 그 내용에 의하여 일정한 사유가 발생하면 채권자의 청구 등을 요함이 없이 당연히 기한의 이익이 상실되어 이행기가 도래하는 것으로 하는 정지조건부 기한이익상실의 특약과 일정한 사유가 발생한 후 채권자의 통지나 청구 등 채권자의 의사행위를 기다려 비로소 이행기가 도래하는 것으로 하는 형성권적 기한이익상실의 특약의 두 가지로 대별할 수 있고, 기한이익상실의 특약이 위의 양자 중 어느 것에 해당하느냐는 당사자의 의사해석의 문제이지만 일반적으로 기한이익상실의 특약이 채권자를 위하여 둔 것인 점에 비추어 명백히 정지조건부 기한이익상실의 특약이라고 볼 만한 특별한 사정이 없는 이상 형성권적 기한이익상실의 특약으로 추정하는 것이 타당하다(대판 2002.9.4, 2002다28340).

30 기 간

1 의 의

(1) 기간은 사건에 해당한다.

(2) 기간에 관한 민법의 규정은 임의규정이다. 따라서 당사자의 약정에 의하여 다르게 정할 수 있다.

(3) 기간에 관한 규정은 민법 등의 사법관계뿐만 아니라 공법관계에도 적용된다.

(4) 기간계산에 관한 규정은 기산일로부터 소급하여 역산하는 경우에도 유추적용된다.

2 기간의 계산방법

(1) 자연적 계산방법

① 기간을 시, 분, 초로 정한 때에는 즉시로부터 기산한다.

② 자연적 계산방법은 정확하긴 하지만, 불편하다.

(2) 역법적 계산방법

① **원칙**(초일불산입): 일, 주, 월, 년 단위로 하는 기간의 계산은 초일을 산입하지 않는다.

② **예외**(초일산입): 오전 0시부터 기산하는 경우 또는 연령계산을 하는 경우에는 초일을 산입한다.

관련판례

1. "정년이 53세라 함은 만 53세에 달하는 날을 말하는 것이지 만 53세가 만료되는 날을 의미하지 않는다."라고 한다(대판 1973.6.12, 71다2669).

2. 기간의 초일이 공휴일이라 하더라도 기간은 초일부터 기산한다(대판 1982.2.23, 81누204).

31 소멸시효의 기산점

제166조【소멸시효의 기산점】① 소멸시효는 권리를 행사할 수 있는 때로부터 진행한다.
② 부작위를 목적으로 하는 채권의 소멸시효는 위반행위를 한 때로부터 진행한다.

1 의 의

(1) 소멸시효는 권리를 행사할 수 있는 때로부터 진행한다.

(2) 권리를 행사할 수 있는 때란 법률상의 장애사유가 없는 때를 의미한다. 즉, 법률상의 장애사유가 존재하는 경우에는 소멸시효가 진행하지 않는다.

(3) 사실상의 장애사유가 존재하더라도 소멸시효는 진행한다.

(4) 조건의 미성취, 기한의 미도래, 건물이 완공되지 않는 사정은 법률상의 장애사유에 해당한다.

(5) 권리자의 개인적 사정이나 법률지식의 부족, 권리존재의 부지 또는 채무자의 부재 등은 사실상의 장애사유에 불과하여 소멸시효가 진행한다.

2 개별적인 소멸시효의 기산점

(1) 정지조건부 권리는 조건이 성취된 때로부터 시효가 진행한다.

(2) 해제조건부 권리는 권리발생시부터 시효가 진행한다.

(3) 확정기한부 권리는 기한이 도래한 때부터 시효가 진행한다.

(4) 불확정기한부 권리는 객관적으로 기한이 도래한 때부터 시효가 진행한다.

(5) 동시이행의 항변권이 붙어있는 채권은 본래의 이행기부터 시효가 진행한다.

(6) 채무불이행에 의한 손해배상청구권은 채무불이행시부터 시효가 진행한다.

(7) 부작위를 목적으로 하는 채권은 위반행위를 한 때부터 시효가 진행한다.

관련판례

1. 민법 제163조 제2호 소정의 의사의 치료에 관한 채권은 각각의 당해 진료에 필요한 비용의 이행기가 도래하여 그에 대한 소멸시효가 진행된다고 해석함이 상당하고, 장기간 입원 치료를 받는 경우라 하더라도 다른 특약이 없는 한 입원 치료 중에 환자에 대하여 치료비를 청구함에 아무런 장애가 없으므로 퇴원시부터 소멸시효가 진행된다고 볼 수는 없다(대판 2001.11.9, 2001다52568).

2. 부동산에 대한 매매대금채권이 소유권이전등기청구권과 동시이행의 관계에 있다고 할지라도 매도인은 매매대금의 지급기일 이후 언제라도 그 대금의 지급을 청구할 수 있는 것이며, 다만 매수인은 매도인으로부터 그 이전등기에 관한 이행의 제공을 받기까지 그 지급을 거절할 수 있는 데 지나지 아니하므로 매매대금청구권(동시이행의 항변권이 붙어 있는 채권)은 그 지급기일 이후 시효의 진행에 걸린다(대판 1991.3.22, 90다9797).

3. 매매로 인한 부동산소유권이전채무가 이행불능됨으로써 매수인이 매도인에 대하여 갖게 되는 손해배상채권(채무불이행에 의한 손해배상청구권)은 그 부동산소유권의 이전채무가 이행불능된 때에 발생하는 것이고 그 계약체결일에 생기는 것은 아니므로 위 손해배상청구권의 소멸시효는 계약체결일이 아닌 소유권이전채무가 이행불능된 때부터 진행한다(대판 1990.11.9, 90다카22513).

4. 채권의 소멸시효는 이행기가 도래한 때로부터 진행되지만, 이행기일이 도래한 후에 채권자가 채무자에 대하여 기한을 유예한 경우에는 유예시까지 진행된 시효는 포기한 것으로서 유예한 이행기일부터 다시 시효가 진행된다(대판 1992.12.22, 92다40211).

5. 소유권이전등기의무의 이행불능으로 인한 전보배상청구권의 소멸시효는 이전등기의무가 이행불능 상태에 돌아간 때로부터 진행된다(대판 2002.12.27, 2000다47361).

6. 본래의 소멸시효 기산일과 당사자가 주장하는 기산일이 서로 다른 경우에는 변론주의의 원칙상 법원은 당사자가 주장하는 기산일을 기준으로 소멸시효를 계산하여야 하는데, 이는 당사자가 본래의 기산일보다 뒤의 날짜를 기산일로 하여 주장하는 경우는 물론이고 특별한 사정이 없는 한 그 반대의 경우에 있어서도 마찬가지이다(대판 1995.8.25, 94다35886).

32 소멸시효의 중단

1 시효중단사유

> **제168조【소멸시효의 중단사유】** 소멸시효는 다음 각 호의 사유로 인하여 중단된다.
> 1. 청구
> 2. 압류 또는 가압류, 가처분
> 3. 승인

(1) 청 구

> **제170조【재판상의 청구와 시효중단】** ① 재판상의 청구는 소송의 각하, 기각 또는 취하의 경우에는 시효중단의 효력이 없다.
> ② 전항의 경우에 6월 내에 재판상의 청구, 파산절차참가, 압류 또는 가압류, 가처분을 한 때에는 시효는 최초의 재판상 청구로 인하여 중단된 것으로 본다.
>
> **제171조【파산절차참가와 시효중단】** 파산절차참가는 채권자가 이를 취소하거나 그 청구가 각하된 때에는 시효중단의 효력이 없다.
>
> **제172조【지급명령과 시효중단】** 지급명령은 채권자가 법정기간 내에 가집행 신청을 하지 아니함으로 인하여 그 효력을 잃은 때에는 시효중단의 효력이 없다.
>
> **제173조【화해를 위한 소환, 임의출석과 시효중단】** 화해를 위한 소환은 상대방이 출석하지 아니하거나 화해가 성립되지 아니한 때에는 1월 내에 소를 제기하지 아니하면 시효중단의 효력이 없다. 임의출석의 경우에 화해가 성립되지 아니한 때에도 그러하다.
>
> **제174조【최고와 시효중단】** 최고는 6월 내에 재판상의 청구, 파산절차참가, 화해를 위한 소환, 임의출석, 압류 또는 가압류, 가처분을 하지 아니하면 시효중단의 효력이 없다.

① 시효중단의 효력이 있는 청구에는 '재판상 청구, 파산절차참가, 지급명령, 화해를 위한 소환, 임의출석, 최고'가 있다.

② 재판상 청구는 권리자가 자기의 권리를 재판상 주장하는 것을 의미한다. 즉, 권리자가 원고가 되어 소를 제기하는 것을 의미한다.

③ 응소는 재판상 청구에 해당하지 않으므로 시효중단의 효력이 없지만, 피고로서 응소하여 그 소송에서 적극적으로 권리를 주장하고 그것이 받아들여진 경우에는 재판상 청구에 해당하여 시효가 중단된다.

④ 재판상 청구는 민사소송만을 의미하고, 형사소송 또는 행정소송은 의미하지 않는다. 따라서 행정소송, 형사소송은 시효중단의 효력이 없으나 예외적으로 시효중단의 효력이 생길 수 있다.

1. 근저당권설정등기청구의 소의 제기는 그 피담보채권의 재판상의 청구에 준하는 것으로서 피담보채권에 대한 소멸시효중단의 효력을 생기게 한다고 봄이 상당하다(대판 2004.2.13, 2002다7213).

2. 민법 제168조 제1호, 제170조 제1항에서 시효중단사유의 하나로 규정하고 있는 재판상의 청구라 함은, 통상적으로는 권리자가 원고로서 시효를 주장하는 자를 피고로 하여 소송물인 권리를 소의 형식으로 주장하는 경우를 가리키지만, 이와 반대로 시효를 주장하는 자가 원고가 되어 소를 제기한 데 대하여 피고로서 응소하여 그 소송에서 적극적으로 권리를 주장하고 그것이 받아들여진 경우도 마찬가지로 이에 포함되는 것으로 해석함이 타당하다(대판 전합 1993.12.21, 92다47861).

3. 물상보증인이 그 피담보채무의 부존재 또는 소멸을 이유로 제기한 저당권설정등기 말소등기절차이행청구소송에서 채권자 겸 저당권자가 청구기각의 판결을 구하고 피담보채권의 존재를 주장하였다고 하더라도 이로써 직접 채무자에 대하여 재판상 청구를 한 것으로 볼 수는 없는 것이므로 피담보채권의 소멸시효에 관하여 규정한 민법 제168조 제1호 소정의 청구에 해당하지 아니한다(대판 2004.1.16, 2003다30890).

4. 행정소송은 사권을 행사하는 것이 아니므로 시효중단의 사유는 아니나, 과세처분의 취소 또는 무효확인 청구의 소가 비록 행정소송이라고 할지라도 조세환급을 구하는 부당이득 반환청구권의 소멸시효중단사유인 재판상 청구에 해당한다고 볼 수 있다(대판 전합 1992.3.31, 91다32053).

5. 최고를 여러 번 거듭하다가 재판상 청구 등을 한 경우에 시효중단의 효력은 항상 최초의 최고시에 발생하는 것이 아니라 재판상 청구 등을 한 시점을 기준으로 하여 이로부터 소급하여 6월 이내에 한 최고시에 발생한다(대판 1983.7.12, 83다카437).

(2) 압류, 가압류, 가처분

제175조 【압류, 가압류, 가처분과 시효중단】 압류, 가압류 및 가처분은 권리자의 청구에 의하여 또는 법률의 규정에 따르지 아니함으로 인하여 취소된 때에는 시효중단의 효력이 없다.

제176조 【압류, 가압류, 가처분과 시효중단】 압류, 가압류 및 가처분은 시효의 이익을 받은 자에 대하여 하지 아니한 때에는 이를 그에게 통지한 후가 아니면 시효중단의 효력이 없다.

① 가압류에 의한 시효중단의 효력은 가압류의 집행보전의 효력이 존속하는 동안 계속된다.

② 가압류의 피보전채권에 관하여 본안의 승소판결이 확정되었다고 하더라도 가압류에 의한 시효중단의 효력이 이에 흡수되어 소멸된다고 할 수 없다.

③ 사망한 사람을 피신청인으로 한 가압류는 당연무효이다. 이러한 당연무효인 가압류는 시효중단의 효력이 생기지 않는다.

(3) 승 인

> **제177조【승인과 시효중단】** 시효중단의 효력 있는 승인에는 상대방의 권리에 관한 처분의 능력이나 권한 있음을 요하지 아니한다.

① 승인은 시효중단사유이므로, 시효가 진행된 이후에만 가능하고 시효가 진행되기 이전에는 승인할 수 없다. 따라서 현존하지 않는 장래의 채권을 미리 승인하는 것은 허용되지 않는다.

② 면책적 채무인수, 변제기한의 유예요청, 이자의 지급, 일부변제 등은 채무승인의 예이다.

③ 승인은 처분능력은 없더라도 행위능력은 있어야 한다. 따라서 제한능력자는 단독으로 채무승인을 할 수 없다.

관련판례

소멸시효의 중단사유로서의 승인은 소멸시효의 진행이 개시된 이후에만 가능하고 그 이전에 승인을 하더라도 시효가 중단되지는 않는다고 할 것이고, 또한 현존하지 아니하는 장래의 채권을 미리 승인하는 것은 채무자가 그 권리의 존재를 인식하고서 한 것이라고 볼 수 없어 허용되지 않는다고 할 것이다. 따라서 진료계약을 체결하면서 "입원료 기타 제 요금이 체납될 시는 병원의 법적 조치에 대하여 아무런 이의를 하지 않겠다."라고 약정하였다 하더라도, 이로써 그 당시 아직 발생하지도 않은 치료비 채무의 존재를 미리 승인하였다고 볼 수는 없다(대판 2001.11.9, 2001다52568).

2 시효중단의 효력

> **제169조【시효중단의 효력】** 시효의 중단은 당사자 및 그 승계인 간에만 효력이 있다.
>
> **제178조【중단 후에 시효진행】** ① 시효가 중단된 때에는 중단까지에 경과한 시효기간은 이를 산입하지 아니하고 중단사유가 종료한 때로부터 새로이 진행한다.
> ② 재판상의 청구로 인하여 중단한 시효는 전항의 규정에 의하여 재판이 확정된 때로부터 새로이 진행한다.

(1) 어느 연대채무자에 대한 이행의 청구는 다른 연대채무자에게도 효력이 있다.

(2) 주채무자에 대한 시효중단은 보증인에게도 효력이 있다. 그러나 보증인에 대한 시효중단은 주채무자에게 효력이 없다.

관련판례

시효중단의 효력은 당사자 및 그 승계인 간에만 미치는바, 여기서 당사자라 함은 중단행위에 관여한 당사자를 가리키고 시효의 대상인 권리 또는 청구권의 당사자는 아니며, 승계인이라 함은 시효중단에 관여한 당사자로부터 중단의 효과를 받는 권리를 그 중단효과 발생 이후에 승계한 자를 뜻하고, 포괄승계인은 물론 특정승계인도 이에 포함된다(대판 1997.4.25, 96다46484).

물권법

01 물권적 청구권과 등기의 추정력

1 물권적 청구권(物權的 請求權)

(1) 의 의

물권적 청구권이란 물권 내용의 완전한 실현이 어떤 사정으로 인하여 방해받고 있거나 방해받을 염려가 있는 경우, 그 방해자에 대하여 방해의 제거 또는 예방에 필요한 행위 등 물권내용의 실현을 가능하게 하는 행위(작위 또는 부작위)를 청구할 수 있는 권리를 의미한다.

(2) 물권적 청구권의 종류

① **반환청구권**: 타인이 권원 없이 물권의 목적물을 점유하는 경우, 점유를 회복하기 위하여 그 반환을 청구하는 권리이다.

② **방해제거청구권**: 물권자가 점유침탈 외의 형태로 물권의 실현을 방해받은 경우, 그 방해의 제거를 청구하는 권리이다.

③ **방해예방청구권**: 현재 물권의 실현이 방해받고 있지는 않지만 장래 방해가 생길 염려가 있는 경우, 그 예방을 청구하는 권리이다.

④ 지역권과 저당권에 기한 물권적 청구권은 인정되지만, 반환청구권은 인정되지 않는다.

📋 **민법의 규정**

구 분	점유권	소유권	지상권	지역권	전세권	유치권	질 권	저당권
반환청구권	○	○	○	×	○	규정 없음	규정 없음	×
방해제거청구권	○	○	○	○	○			○
방해예방청구권	○	○	○	○	○			○

(3) 물권적 청구권의 내용

① 물권적 청구권은 물권적인 권리이기 때문에 물권의 내용을 방해하거나 방해할 수 있는 자에 대하여 그가 누구이든 상관없이 이를 행사할 수 있다.

② 양도성을 가지며 물권에 부종하기에 물권적 청구권을 물권과 분리하여 양도할 수 없다.

③ 물권적 청구권만 소멸시효의 대상이 될 수 없다.

(4) 다른 청구권과의 관계(불법행위에 의한 손해배상청구권과 비교)

① 물권적 청구권은 상대방의 고의·과실을 요하지 않지만, 불법행위에 의한 손해배상청구권은 상대방의 고의·과실을 요한다.

② 물권적 청구권은 손해의 발생을 요하지 않지만, 불법행위에 의한 손해배상청구권은 상대방의 손해발생을 요한다.

물권적 청구권과 불법행위에 의한 손해배상청구권의 비교

구 분	물권적 청구권	불법행위에 의한 손해배상청구권
귀책사유	귀책사유 불요(不要)	귀책사유 요(要)
소멸시효	적용 안 됨	적용됨(3년, 10년)
침해발생의 가능성	행사 가능	행사 불가능
청구의 내용	행위청구	금전배상청구

관련판례

피담보채무의 소멸로 인하여 저당권이 소멸되었는데 저당부동산의 소유권이 이전된 경우에 부동산의 신소유자가 소유권에 기한 물권적 청구권(방해제거)으로서 저당권등기의 말소를 구할 수 있는 외에 구소유자(종전의 소유자)도 저당권설정계약의 당사자로서 계약상의 권리에 기하여 저당권등기의 말소를 구할 수 있다(대판 전합 1994.1.25, 93다16338).

2 등기의 효력(등기의 추정력)

(1) 본등기의 효력

① 권리변동적 효력
② 순위확정적 효력
③ 대항적 효력
④ 추정적 효력

(2) 등기의 추정력의 법적 성격

판례는 등기의 추정은 사실상 추정으로 보지 않고 "법률상 추정"으로 본다.

(3) 추정력의 물적 범위

① **권리귀속의 추정**

㉠ 소유권이전등기가 있으면 소유권의 존재가, 임차권등기가 있으면 임차권의 존재가 적법하게 존재하는 것으로 추정한다(즉 등기된 권리가 등기명의자에게 귀속하는 것으로 추정한다).

㉡ 또 그 등기에 의하여 물권변동이 유효하게 성립한 것으로 추정된다.

② **절차의 적법 추정**

㉠ 등기가 절차상으로도 유효요건을 갖추어서 적법하게 이루어진 것이라고 추정된다. 즉 전 등기명의인이 미성년자이고 당해 부동산을 친권자에게 증여하는 행위가 이해상반행위라고 하더라도 일단 친권자에게 이전등기가 경료된 이상 그 이전등기에 관하여 필요한 특별대리인이 선임된 절차를 적법하게 거친 것으로 추정된다.

㉡ 토지거래허가지역에 대하여 등기가 된 경우 적법한 허가가 있는 것으로 추정되듯이, 등기를 함에 있어서 필요한 전제요건도 갖춘 것으로 추정된다.

③ **등기원인의 추정**

등기원인에 대해서도 추정력을 인정한다. 즉 등기명의자가 전 소유자로부터 부동산을 취득함에 있어 등기부상 기재된 등기원인(매매)에 의하지 아니하고, 다른 원인(증여)으로 적법하게 취득하였다고 하면서 등기원인행위의 태양이나 과정을 다소 다르게 주장하였다고 하여 이러한 주장만 가지고 그 등기의 추정력이 깨어진다고 할 수 없다.

④ **대리권 존재의 추정**

매매계약 및 등기가 본인의 대리인에 의해서 행하여진 경우 그 대리인이 대리권을 수여받았다거나 표현대리의 요건을 갖추어서 유효한 대리행위를 하였다는 점은 추정된다.

⑤ **기타 등기사항 존재의 추정**

담보물권의 등기로부터 그 담보물권의 존재뿐만 아니라 피담보채권의 존재도 추정된다.

⑥ 소유권이전등기의 말소등기가 경료된 경우에, 그 말소등기가 적법하게 이루어졌고 따라서 이전등기 명의인의 소유권은 소멸한 것으로 추정되지만, 원인 없이 말소되었다면 그 회복등기가 경료되기 전이라도 말소된 소유권이전등기의 최종명의인은 적법한 권리자로 추정된다.

⑦ 멸실회복등기에 있어 전 등기의 접수연월일, 접수번호 및 원인일자가 불명이라고 기재되어 있다 하더라도, 특별한 사정이 없는 한 이는 등기공무원에 의하여 적법하게 수리되고 처리된 것이라고 추정된다.

(4) 추정력의 인적 범위

① 제3자의 원용(주장)

등기의 추정력은 등기명의인뿐만 아니라 제3자도 추정의 효과를 원용할 수 있다. 따라서 등기의 추정력은 등기명의인의 이익을 위해서만 인정되는 것이 아니라 불이익을 위해서도 인정된다.

② 권리변동 당사자 간의 추정력의 범위

㉠ 甲소유의 토지를 乙이 매수하고 소유권이전등기를 한 경우, 乙은 전 소유자인 甲에 대해서도 등기의 추정력을 주장할 수 있다. 따라서 甲은 乙을 상대로 소유권이전등기 말소청구를 한 경우 乙은 甲에게 적법한 소유권자로 추정된다고 주장할 수 있기 때문에 甲이 乙의 등기가 원인무효라는 사실을 주장·증명해야 한다.

㉡ 甲이 신축하여 소유권을 원시취득한 건물에 대해 乙이 소유권보존등기를 한 경우, 乙은 전 소유자인 甲에 대해서 보존등기의 추정력을 주장할 수 없다. 따라서 甲이 乙을 상대로 보존등기말소청구를 한 경우 乙은 甲에게 적법한 소유권자로 추정된다고 주장할 수 없고 乙은 甲으로부터 건물을 유효하게 매수하였다는 사실을 주장·증명해야 한다.

(5) 추정력의 효력

① 등기명의인이 등기부를 증거로 제출하면 그 등기명의인은 적법한 권리자로 추정된다.

② 부동산에 관하여 소유권이전등기가 마쳐져 있는 경우, 그 등기명의자는 제3자에 대하여서 뿐만 아니라, 그 전 소유자에 대하여서도 적법한 등기원인에 의하여 소유권을 취득한 것으로 추정되는 것으로서, 등기명의자가 전 소유자로부터 부동산을 취득함에 있어 등기부상 기재된 등기원인에 의하지 아니하고 다른 원인으로 적법하게 취득하였다고 하면서 등기원인 행위의 태양이나 과정을 다소 다르게 주장한다고 하여 이러한 주장만 가지고 그 등기의 추정력이 깨어진다고 할 수는 없을 것이므로, 이러한 경우에도 이를 다투는 측에서 등기명의자의 소유권이전등기가 전 등기명의인의 의사에 반하여 이루어진 것으로서 무효라는 주장·증명을 하여야 한다.

③ 특별조치법에 따라 마쳐진 이전등기는 실체적 권리관계에 부합하는 등기로 추정되고, 특별조치법 소정의 보증서나 확인서가 허위 또는 위조된 것이라거나 그 밖의 사유로 적법하게 등기된 것이 아니라는 증명이 없는 한, 그 소유권이전등기의 추정력은 번복되지 않는다. 또한 특별조치법에 따라 등기를 마친 자가 보증서나 확인서에 기재된 취득원인이 사실과 다름을 인정하더라도 그 사유만으로 특별조치법에 따라 마쳐진 등기의 추정력이 깨어진다고 볼 수 없다.

④ 그러나 허무인으로부터 이전등기, 전 소유자가 아닌 자의 행위에 기한 이전등기, 등기부상 기재 자체로 부실등기임이 명백한 경우, 매수인과 등기명의자가 불일치한 경우, 등기절차상 적법성이 의심되는 경우에는 등기의 추정력이 번복된다.

⑤ 그러나 보존등기는 등기신청자의 단독신청에 의하여 행하여지기 때문에 진실성의 보장이 약하므로 소유권이전등기에 비해 추정력이 약하다. 따라서 보존등기가 원시취득에 의한 것이 아님이 드러난 경우에는 그 추정력은 깨진다. 따라서 보존등기명의인이 전소유자로부터 매수하였다고 주장하는 경우, 보존등기명의인 외의 자가 사정받은 사실이 인정되는 경우, 건물보존등기명의자 이외의 자가 건물을 신축한 사실이 드러난 경우에는 보존등기의 추정력이 번복된다.

⑥ 소유권보존등기가 '임야소유권이전등기등에관한특별조치법'에 의해 이루어진 경우에 그 임야를 사정받은 사람이 따로 있는 것으로 밝혀진 경우라도 그 등기는 동법 소정의 적법한 절차에 따라 마쳐진 것으로서 실체적 권리관계에 부합하는 등기로 추정된다고 본다. 즉 특별조치법상의 보존등기는 통상의 보존등기와는 달리 강한 추정력을 인정한다.

다만, 구 임야소유권이전등기등에관한특별조치법(1969. 5. 21. 법률 제2111호, 실효)에 의하여 할 수 있는 소유권이전등기는 같은 법 제3조의 취지에 비추어 보면 그 원인행위인 매매, 증여, 교환 등 기타 법률행위가 같은 법 시행일인 1969. 6. 21. 전에 이루어진 것에 한한다고 해석되므로, 그 등기의 원인행위일자가 그 시행일 이후로 인정되는 경우에는 그 등기에 그 기재 내용대로의 추정력이 있는 것이라고 할 수 없다.

⑦ 등기를 신뢰하고 거래하는 경우에는 무과실로 추정된다. 그러나 등기내용을 조사하지 않은 경우에는 선의이더라도 과실이 있는 것으로 추정된다.

⑧ 부동산물권을 취득하려는 자는 미리 등기부를 조사하는 것이 일반적이므로 거래 당사자는 악의로 추정된다.

02 중간생략등기

1 중간생략등기의 유효성

(1) 부동산등기특별조치법상 중간생략등기는 금지하고 있다.

(2) 중간생략등기금지규정은 단속규정이므로, 중간생략등기는 유효하다.

(3) 다만, 토지거래허가구역 내의 중간생략등기는 효력규정위반으로 무효이다.

2 이미 경료된 중간생략등기

(1) 중간생략등기절차에 있어서 이미 중간생략등기가 이루어져 버린 경우에 있어서는, 그 관계 계약당사자 사이에 적법한 원인행위가 성립되어 이행된 이상, 다만 중간생략등기에 관한 합의가 없었다는 사유만으로서는 그 등기를 무효라고 할 수는 없다.

(2) 따라서 합의가 없음을 들어 그 등기의 말소를 청구할 수 없다.

3 중간생략등기 합의에 의한 등기청구권

(1) 중간생략등기의 합의는 순차적 또는 묵시적으로 할 수 있다.

(2) 중간생략등기의 합의가 있더라도 최초매도인과 최종매수인 사이에 매매계약이 체결되었다고 볼 수 없다.

(3) 최종 양수인이 중간생략등기의 합의를 이유로 최초 양도인에게 직접 중간생략등기를 청구하기 위하여는 관계당사자 전원의 의사합치가 필요하다.

① 관계당사자 전원의 합의가 있다면 최종매수인은 최초매도인에게 직접 등기의 이전을 청구할 수 있고, 중간자를 대위하여 등기의 이전을 청구할 수 있다.

② 관계당사자 전원의 합의가 없다면 최종매수인은 최초매도인에게 직접 등기의 이전을 청구할 수 없고, 중간자를 대위하여 등기의 이전을 청구할 수 있다.

(4) 부동산이 전전양도된 경우에 중간생략등기의 합의가 없는 한 그 최종 양수인은 최초 양도인에 대하여 직접 자기 명의로의 소유권이전등기를 청구할 수 없고, 부동산의 양도계약이 순차 이루어져 최종 양수인이 중간생략등기의 합의를 이유로 최초 양도인에게 직접 그 소유권이전등기청구권을 행사하기 위하여는 관계당사자 전원의 의사합치, 즉 중간생략등기에 대한 최초 양도인과 중간자의 동의가 있는 외에 최초 양도인과 최종 양수인 사이에도 그 중간등기생략의 합의가 있었음이 요구되므로, 비록

최종 양수인이 중간자로부터 소유권이전등기 청구권을 양도받았다고 하더라도 최초 양도인이 그 양도에 대하여 동의하지 않고 있다면 최종 양수인은 최초 양도인에 대하여 채권양도를 원인으로 하여 소유권이전등기 절차 이행을 청구할 수 없다.

⑸ 중간생략등기의 합의가 있었다 하더라도 이러한 합의는 중간등기를 생략하여도 당사자 사이에 이의가 없겠고 또 그 등기의 효력에 영향을 미치지 않겠다는 의미가 있을 뿐이지 그러한 합의가 있었다 하여 중간매수인의 소유권이전등기청구권이 소멸된다거나 첫 매도인의 그 매수인에 대한 소유권이전등기의무가 소멸되는 것은 아니라 할 것이다.

⑹ 중간생략등기의 합의가 있다고 하여 최초의 매도인이 자신이 당사자가 된 매매계약상의 매수인인 중간자에 대하여 갖고 있는 매매대금청구권의 행사가 제한되는 것은 아니다.

⑺ 최초 매도인과 중간 매수인, 중간 매수인과 최종 매수인 사이에 순차로 매매계약이 체결되고 이들 간에 중간생략등기의 합의가 있은 후에 최초 매도인과 중간 매수인 간에 매매대금을 인상하는 약정이 체결된 경우, 최초 매도인은 인상된 매매대금이 지급되지 않았음을 이유로 최종 매수인 명의로의 소유권이전등기의무의 이행을 거절할 수 있다.

⑻ 토지거래허가구역내의 토지에 대하여 중간생략등기의 합의가 있더라도 최종매수인은 최초 매도인에 대하여 직접 그 토지에 관한 토지거래허가 신청절차의 협력의무 이행청구권을 가진고 있다고 할 수 없다.

03 점유권

1 점유권 일반

⑴ 물건에 대한 점유란 사회관념상 어떤 사람의 사실적 지배 아래에 있는 객관적 상태를 말하는 것으로서, 사실적 지배가 있다고 하기 위해서는 반드시 물건을 물리적, 현실적으로 지배하는 것만을 의미하는 것이 아니다.

⑵ 대지의 소유자로 이전등기한 자는 보통의 경우 등기할 때에 대지를 인도받아 점유를 얻은 것으로 보아야 한다.

(3) 그러나 보존등기를 마쳤다고 하여 일반적으로 등기명의자가 그 무렵 다른 사람으로부터 점유를 이전받는다고 볼 수는 없기 때문이다.

(4) 사회통념상 건물은 그 부지를 떠나서는 존재할 수 없는 것이므로 건물의 부지가 된 토지는 그 건물의 소유자가 점유하는 것이다.

(5) 미등기건물을 양수하여 건물에 관한 사실상의 처분권을 보유하게 됨으로써 그 양수인이 건물부지 역시 아울러 점유하고 있다고 볼 수 있는 등의 다른 특별한 사정이 없는 한 건물의 소유명의자가 아닌 자로서는 실제로 그 건물을 점유하고 있다고 하더라도 그 건물의 부지를 점유하는 자로 볼 수 없다.

2 점유의 각종 추정

> 제197조 【점유의 태양】 ① 점유자는 소유의 의사로 선의, 평온 및 공연하게 점유한 것으로 추정한다.
> ② 선의의 점유자라도 본권에 관한 소에 패소한 때에는 그 소가 제기된 때로부터 악의의 점유자로 본다.
> 제198조 【점유계속의 추정】 전후 양시에 점유한 사실이 있는 때에는 그 점유는 계속한 것으로 추정한다.
> 제200조 【권리의 적법의 추정】 점유자가 점유물에 대하여 행사하는 권리는 적법하게 보유한 것으로 추정한다.

(1) 무과실은 추정되지 않는다.

(2) 전후 양 시점의 점유자가 다르더라도 점유의 승계가 입증되면 점유의 계속은 추정된다.

(3) 점유자의 권리추정의 규정은 등기에 표장되어 있는 부동산 물권에 대하여는 특별한 사정이 없는 한 적용되지 아니한다.

(4) 점유의 추정력은 법률상 추정이므로 입증책임은 상대방에게 있다.

3 점유의 승계

> 제199조 【점유의 승계의 주장과 그 효과】 ① 점유자의 승계인은 자기의 점유만을 주장하거나 자기의 점유와 전 점유자의 점유를 아울러 주장할 수 있다.
> ② 전 점유자의 점유를 아울러 주장하는 경우에는 그 하자도 계승한다.

(1) 점유의 승계가 있는 경우 전 점유자의 점유가 타주점유라 하여도 점유자의 승계인이 자기의 점유만을 주장하는 경우에는 현 점유자의 점유는 자주점유로 추정된다.

(2) 상속에 의하여 점유권을 취득한 경우에는 상속인이 새로운 권원에 의하여 자기 고유의
점유를 시작하지 않는 한 피상속인의 점유를 떠나 자기만의 점유를 주장할 수 없다.

4 점유자와 회복자와의 관계

> **제201조【점유자와 과실】** ① 선의의 점유자는 점유물의 과실을 취득한다.
> ② 악의의 점유자는 수취한 과실을 반환하여야 하며 소비하였거나 과실로 인하여 훼손 또는
> 수취하지 못한 경우에는 그 과실의 대가를 보상하여야 한다.
> ③ 전항의 규정은 폭력 또는 은비에 의한 점유자에 준용한다.
> **제202조【점유자의 회복자에 대한 책임】** 점유물이 점유자의 책임 있는 사유로 인하여 멸실
> 또는 훼손한 때에는 악의의 점유자는 그 손해의 전부를 배상하여야 하며 선의의 점유자는
> 이익이 현존하는 한도에서 배상하여야 한다. 소유의 의사가 없는 점유자는 선의인 경우에
> 도 손해의 전부를 배상하여야 한다.
> **제203조【점유자의 상환청구권】** ① 점유자가 점유물을 반환할 때에는 회복자에 대하여 점유
> 물을 보존하기 위하여 지출한 금액 기타 필요비의 상환을 청구할 수 있다. 그러나 점유자가
> 과실을 취득한 경우에는 통상의 필요비는 청구하지 못한다.
> ② 점유자가 점유물을 개량하기 위하여 지출한 금액 기타 유익비에 관하여는 그 가액의 증가
> 가 현존한 경우에 한하여 회복자의 선택에 좇아 그 지출금액이나 증가액의 상환을 청구할
> 수 있다.
> ③ 전항의 경우에 법원은 회복자의 청구에 의하여 상당한 상환기간을 허여할 수 있다.

5 점유자의 과실수취권

(1) '선의의 점유자'란 과실수취권을 포함하는 권원이 있다고 오신한 점유자를 말하고,
그와 같은 오신을 함에는 오신할 만한 정당한 근거가 있어야 한다.

(2) 민법상 과실에는 천연과실, 법정과실 뿐만 아니라 물건(토지, 건물)의 사용이익을 포
함한다.

(3) 따라서 건물을 사용함으로써 얻는 이득은 그 건물의 과실에 준하는 것이므로, 선의의
점유자는 비록 법률상 원인 없이 타인의 건물을 점유·사용하고 이로 말미암아 그에
게 손해를 입혔다고 하더라도 그 점유·사용으로 인한 이득을 반환할 의무는 없다.

(4) 선의의 점유자도 과실취득권이 있다 하여 불법행위로 인한 손해배상책임이 배제되
는 것은 아니다.

(5) 악의의 점유자는 수취한 과실을 반환하여야 한다. 반환범위는 그 받은 이익에 이자를
붙여서 반환하여야 하며, 그 이자의 이행지체로 인한 지연손해금도 지급하여야 한다.

(6) 과실의 수취에 관한 점유자의 선의·악의는 과실이 원물에서 분리되는 때를 기준으로 판단한다.

(7) 악의의 점유자가 과실(過失)없이 수취하지 못한 경우에는 과실의 대가를 보상하지 않아도 된다.

(8) 매매계약이 취소, 무효가 된 경우에 선의의 점유자에게 과실수취권이 인정된다. 그러나 매매계약이 해제된 경우에는 원상회복의무이므로 과실수취권이 인정되지 않는다.

(9) **점유물의 멸실·훼손에 대한 책임**

① 점유자의 책임 있는 사유(고의·과실)에 의하여 점유물이 멸실·훼손된 때에는 점유자는 점유물의 회복자에 대하여 손해를 배상하여야 하며 그 배상범위는 선의·악의에 따라 다르다.

② **선의·악의점유자의 책임**

    ㉠ 선의점유 + 자주점유 = 현존이익배상

    ㉡ 선의점유 + 타주점유 = 손해전부배상

    ㉢ 악의점유 + 자주·타주점유 = 손해전부배상

(10) **점유자의 비용상환청구권**(선·악 불문)

① **필요비상환청구권**

    ㉠ 과실을 수취한 점유자는 통상필요비를 청구하지 못한다.

    ㉡ 임시·특별필요비(예 태풍으로 인한 가옥의 파손 수리비) 등은 청구할 수 있다.

② **유익비상환청구권**

    ㉠ 유익비에 관하여는 그 가액의 증가가 현존한 경우에 한하여 회복자의 선택에 좇아 그 지출금액이나 증가액의 상환을 청구할 수 있다.

    ㉡ 유익비상환의무자인 회복자의 선택권을 위하여 그 유익비는 실제로 지출한 비용과 현존하는 증가액을 모두 산정하여야 한다.

    ㉢ 법원은 회복자의 청구에 의하여 상당한 상환기간을 허여(許與)할 수 있다.

③ **비용상환청구권 행사시기**

    ㉠ 점유자가 회복자로부터 점유물의 반환을 청구받거나 회복자에게 점유물을 반환한 때에 행사할 수 있다.

        » 임차인의 필요비상환청구권은 지출 즉시 가능하다.

    ㉡ 점유자는 비용상환시까지 그 물건에 대한 유치권을 행사할 수 있으나 회복자가 점유물의 반환을 요구하지 않고 소유권이전등기말소만을 청구하는 경우에는 유익비상환청구권으로서 동시이행 또는 유치권을 행사할 수 없다.

④ **반환청구의 상대방**: 지출 당시의 소유자가 누구이었는지 관계없이 현재의 소유자, 즉 회복자가 전 소유자의 반환범위에 속하는 것을 포함하여 함께 책임을 진다.

6 점유보호청구권

제204조【점유의 회수】① 점유자가 점유의 침탈을 당한 때에는 그 물건의 반환 및 손해의 배상을 청구할 수 있다.

② 전항의 청구권은 침탈자의 특별승계인에 대하여는 행사하지 못한다. 그러나 승계인이 악의인 때에는 그러하지 아니하다.

③ 제1항의 청구권은 침탈을 당한 날로부터 1년내에 행사하여야 한다.

제205조【점유의 보유】① 점유자가 점유의 방해를 받은 때에는 그 방해의 제거 및 손해의 배상을 청구할 수 있다.

② 전항의 청구권은 방해가 종료한 날로부터 1년내에 행사하여야 한다.

③ 공사로 인하여 점유의 방해를 받은 경우에는 공사착수후 1년을 경과하거나 그 공사가 완성한 때에는 방해의 제거를 청구하지 못한다.

제206조【점유의 보전】① 점유자가 점유의 방해를 받을 염려가 있는 때에는 그 방해의 예방 또는 손해배상의 담보를 청구할 수 있다.

② 공사로 인하여 점유의 방해를 받을 염려가 있는 경우에는 전조 제3항의 규정을 준용한다.

제207조【간접점유의 보호】① 전3조의 청구권은 제194조의 규정에 의한 간접점유자도 이를 행사할 수 있다.

② 점유자가 점유의 침탈을 당한 경우에 간접점유자는 그 물건을 점유자에게 반환할 것을 청구할 수 있고 점유자가 그 물건의 반환을 받을 수 없거나 이를 원하지 아니하는 때에는 자기에게 반환할 것을 청구할 수 있다.

⑴ 사기에 의하여 점유를 이전한 경우에는 점유회수청구권을 행사할 수 없다.

⑵ 직접점유자가 임의로 점유를 타에 양도하였다면 그 점유이전이 간접점유자의 의사에 반하더라도 간접점유자는 점유의 회수를 구할 수 없다.

⑶ 점유보호청구권의 1년의 제척기간은 재판 외에서 권리행사하는 것으로 족한 기간이 아니라 반드시 그 기간 내에 소를 제기하여야 하는 이른바 출소기간으로 해석함이 상당하다.

⑷ 점유보조자에게는 점유보호청구권이 인정되지 않지만, 간접점유자에게는 점유보호청구권이 인정된다.

04 공 유

1 의 의

> 제262조【물건의 공유】① 물건이 지분에 의하여 수인의 소유로 된 때에는 공유로 한다.
> ② 공유자의 지분은 균등한 것으로 추정한다.

(1) 공유란 물건이 지분에 의하여 수인의 소유로 된 것, 즉 공동목적을 위하여 인적 결합 관계가 없는 수인이 물건을 공동으로 소유하는 것을 의미한다.

(2) 공유는 1개의 소유권이 분량적으로 분할되어 수인에게 귀속되는 상태이다.

2 지분의 처분

> 제263조【공유지분의 처분과 공유물의 사용, 수익】공유자는 그 지분을 처분할 수 있고 공유 물 전부를 지분의 비율로 사용, 수익할 수 있다.

(1) 각 공유자는 자기 지분을 자유롭게 처분할 수 있고, 지분을 처분함에는 다른 공유자 의 동의를 요하지 않는다.

(2) 공유자는 자기의 지분 위에 담보물권을 설정할 수 있다. 그러나 지분 위에 지상권이나 전세권과 같은 용익물권을 설정하기 위해서는 공유자 전원의 동의가 있어야 한다.

(3) 공유자 상호간의 지분의 교환은 지분의 처분에 해당하므로 다른 공유자의 동의를 요 하지 않는다.

> 제267조【지분포기 등의 경우의 귀속】공유자가 그 지분을 포기하거나 상속인 없이 사망한 때에는 그 지분은 다른 공유자에게 각 지분의 비율로 귀속한다.

(4) 공유자 1인이 사망하면 공유자의 지분은 상속된다.

(5) 그러나 공유자가 지분을 포기하거나 상속인없이 사망하면 그 지분은 다른 공유자에 게 지분의 비율로 귀속한다.

(6) 공유지분의 포기는 법률행위에 의한 것이므로 등기하여야 공유지분 포기에 따른 물 권변동의 효력이 발생한다.

3 공유자 간의 법률관계

(1) 공유물의 사용 · 수익

① 각 공유자는 공유물 전부를 지분의 비율로 사용 · 수익할 수 있다.

② 지분의 비율로 사용할 수 있다는 것은 그 비율만큼 배타적으로 사용할 수 있다는 의미는 아니다.

(2) 공유물의 관리 및 보존

> 제265조【공유물의 관리, 보존】공유물의 관리에 관한 사항은 공유자의 지분의 과반수로써 결정한다. 그러나 보존행위는 각자가 할 수 있다.

① 공유자가 공유물을 타인에게 임대하는 행위 및 그 임대차계약을 해지하는 행위는 공유물의 관리행위에 해당하므로, 민법 제265조 본문에 의하여 공유자의 지분의 과반수로써 결정하여야 한다.

② 과반수 지분권자가 나대지에 건물을 신축하여 소유하거나, 제3자에게 건물소유를 위하여 공유지를 임대하는 행위는 공유물의 처분행위이므로 전원의 동의를 얻어야 한다.

③ 과반수의 지분을 가진 공유자가 그 공유물을 배타적으로 사용 · 수익하기로 정하는 것은 공유물의 관리방법으로서 적법하다. 다만 소수지분권자는 과반수지분권자에게 지분에 상응하는 임료 상당의 부당이득을 청구할 수 있다.

④ 과반수 지분의 공유자는 다른 공유자와 사이에 미리 공유물의 관리방법에 관한 협의가 없었다 하더라도 공유물의 관리에 관한 사항을 단독으로 결정할 수 있다. 과반수 지분의 공유자가 그 공유물의 특정 부분을 배타적으로 사용 · 수익하기로 정하는 것은 공유물의 관리방법으로서 적법하다고 할 것이므로, 과반수 지분의 공유자로부터 사용 · 수익을 허락받은 점유자에 대하여 소수 지분의 공유자는 그 점유자가 사용 · 수익하는 건물의 철거나 퇴거 등 점유배제를 구할 수 없다. 따라서 소수지분권자는 점유자에게 부당이득의 반환을 청구할 수 없다.

⑤ 공유물의 소수지분권자가 다른 공유자와 협의 없이 공유물의 전부 또는 일부를 독점적으로 점유 · 사용하고 있는 경우 다른 소수지분권자는 공유물의 보존행위로서 그 인도를 청구할 수는 없고, 다만 자신의 지분권에 기초하여 공유물에 대한 방해 상태를 제거하거나 공동 점유를 방해하는 행위의 금지 등을 청구할 수 있다고 보아야 한다.

⑥ 공유자가 다른 공유자의 지분권을 대외적으로 주장하는 것을 공유물의 보존행위에 속한다고 할 수 없다. 즉 부동산 공유자의 1인이 자신의 공유지분이 아닌 '다른

공유자'의 공유지분을 침해하는 원인 무효의 등기가 이루어졌다는 이유로 공유물에 관한 보존행위로서 그 부분 등기의 말소를 구할 수 없다.

⑦ 상속에 의하여 수인의 공유로 된 부동산에 관하여 그 공유자 중의 1인이 부정한 방법으로 공유물 전부에 관한 소유권이전등기를 그 단독명의로 경료한 경우 공유자 중의 1인은 단독명의로 등기를 경료하고 있는 공유자에 대하여 그 공유자의 공유지분을 제외한 나머지 공유지분 전부에 관하여 소유권이전등기말소등기절차의 이행을 구할 수 있다.

⑧ 공유물에 끼친 불법행위를 이유로 하는 손해배상청구권은 특별한 사유가 없는 한 각 공유자가 지분에 대응하는 비율의 한도내에서만 이를 행사할 수 있다.

⑨ 공유물의 사용·수익·관리에 관한 공유자 사이의 특약은 유효하며 그 특정승계인에 대하여도 승계되지만, 그 특약이 지분권자로서의 사용·수익권을 사실상 포기하는 등으로 공유지분권의 본질적 부분을 침해하는 경우에는 특정승계인이 그러한 사실을 알고도 공유지분권을 취득하였다는 등의 특별한 사정이 없다면 특정승계인에게 당연히 승계된다고 볼 수 없다.

⑩ 공유물을 제3자가 불법점유하고 있는 경우에 소수지분권자라고 하더라도 공유물의 보존행위로서 명도청구를 할 수 있다.

⑪ 부동산의 공유자의 1인은 당해 부동산에 관하여 제3자 명의로 원인무효의 소유권이전등기가 경료되어 있는 경우 공유물에 관한 보존행위로서 제3자에 대하여 그 등기 전부의 말소를 구할 수 있다.

(3) 공유물의 처분, 변경

> **제264조【공유물의 처분, 변경】** 공유자는 다른 공유자의 동의 없이 공유물을 처분하거나 변경하지 못한다.

① 처분의 대표적인 예는 공유물의 양도이지만, 담보물권의 설정도 이에 포함된다.
② 공유자 1인에 의한 처분이더라도 그 공유자의 지분범위 내에서는 유효하므로, 지분범위를 넘는 부분만 무효로 된다.

(4) 공유물에 대한 부담

> **제266조【공유물의 부담】** ① 공유자는 그 지분의 비율로 공유물의 관리비용 기타 의무를 부담한다.
> ② 공유자가 1년 이상 전항의 의무이행을 지체한 때에는 다른 공유자는 상당한 가액으로 지분을 매수할 수 있다.

4 공유물의 분할

> **제268조 【공유물의 분할청구】** ① 공유자는 공유물의 분할을 청구할 수 있다. 그러나 5년 내의 기간으로 분할하지 아니할 것을 약정할 수 있다.
> ② 전항의 계약을 갱신한 때에는 그 기간은 갱신한 날로부터 5년을 넘지 못한다.
> ③ 전 2항의 규정은 제215조, 제239조의 공유물에는 적용하지 아니한다.
>
> **제269조 【분할의 방법】** ① 분할의 방법에 관하여 협의가 성립되지 아니한 때에는 공유자는 법원에 그 분할을 청구할 수 있다.
> ② 현물로 분할할 수 없거나 분할로 인하여 현저히 그 가액이 감손될 염려가 있는 때에는 법원은 물건의 경매를 명할 수 있다.
>
> **제270조 【분할로 인한 담보책임】** 공유자는 다른 공유자가 분할로 인하여 취득한 물건에 대하여 그 지분의 비율로 매도인과 동일한 담보책임이 있다.

(1) 분할의 자유

① 각 공유자는 언제든지 공유물의 분할을 청구할 수 있다. 다만, 예외적으로 건물의 구분소유에서 공용부분과 경계에 설치된 경계표에 대하여는 분할을 청구할 수 없다.

② 공유자들의 약정으로 5년을 넘지 않는 기간 내에서 분할을 금지할 수 있다.

③ 공유물분할청구권은 일종의 형성권이다.

(2) 분할의 방법

① **원칙**: 협의에 의한 분할(현물분할, 대금분할, 가격배상)

② **예외**: 재판상 분할(공유물분할의 소)

　㉠ 협의에 의한 분할이 성립하지 않는 경우에 재판상 분할이 행하여진다.

　㉡ 공유물분할의 소는 공유자 전원이 참여하여야 하는 필수적 공동소송이다.

③ 분할의 방법은 당사자가 구하는 방법에 구애받지 아니하고 법원의 재량에 따라 공유관계나 객체인 물건의 제반 상황에 따라 공유자의 지분비율에 따른 합리적인 분할을 하면 되는데, 여러 사람이 공유하는 물건을 현물분할하는 경우에는 분할청구자의 지분한도 안에서 현물분할을 하고 분할을 원하지 않는 나머지 공유자는 공유로 남는 방법도 허용된다. 그러나 분할청구자가 상대방들을 공유로 남기는 방식의 현물분할을 청구하고 있다고 하여, 상대방들이 그들 사이만의 공유관계의 유지를 원하고 있지 아니한데도 상대방들을 여전히 공유로 남기는 방식으로 현물분할을 하여서는 아니 된다.

④ 공유물을 공유자 중의 1인의 단독소유 또는 수인의 공유로 하되 현물을 소유하게 되는 공유자로 하여금 다른 공유자에 대하여 그 지분의 적정하고도 합리적인 가격을 배상시키는 방법에 의한 분할도 현물분할의 하나로 허용된다.

05 점유취득시효

1 요 건

> **제245조【점유로 인한 부동산소유권의 취득기간】** ① 20년간 소유의 의사로 평온, 공연하게 부동산을 점유하는 자는 등기함으로써 그 소유권을 취득한다.

(1) 소유의 의사

(2) 평온 · 공연한 자주점유

자주 · 평온 · 공연한 점유는 추정이 되며(제197조), 선의점유는 요건이 아니다.

(3) 20년간 점유의 계속

① 점유기간에 대해서는 점유의 승계가 인정되며, 점유의 계속은 추정된다.

② 간접점유를 통해서도 시효취득이 가능하다.

(4) 등기(제187조 예외)

① 제187조에 대한 유일한 예외로서 등기하여야 소유권을 취득한다.

② 점유취득시효완성에 의한 권리의 취득은 원시취득이다.

③ 점유취득시효완성에 기한 등기청구권은 채권적 청구권으로 소멸시효의 대상이 된다.

   ㉠ 점유자가 취득시효기간의 만료로 일단 소유권이전등기청구권을 취득한 이상, 그 후 점유를 상실하였다고 하더라도 이를 시효이익의 포기로 볼 수 있는 경우가 아닌 한, 이미 취득한 소유권이전등기청구권은 소멸되지 아니한다.

   ㉡ 토지에 대한 취득시효완성으로 인한 소유권이전등기청구권은 그 토지에 대한 점유가 계속되는 한 시효로 소멸하지 아니하고, 그 후 점유를 상실하였다고 하더라도 이를 시효이익의 포기로 볼 수 있는 경우가 아닌 한 이미 취득한 소유권이전등기청구권은 바로 소멸되는 것은 아니나, 취득시효가 완성된 점유자가 점유를 상실한 경우 취득시효완성으로 인한 소유권이전등기청구권의 소멸시효는 이와 별개의 문제로서, 그 점유자가 점유를 상실한 때로부터 10년간 등기청구권을 행사하지 아니하면 소멸시효가 완성한다.

2 취득시효의 대상이 되는 권리와 물건

취득시효할 수 있는 권리	취득시효할 수 없는 권리
1. 소유권 2. 지상권 3. 표현되고 계속되는 지역권 4. 질권	1. 점유권 2. 유치권 3. 저당권

① 자기소유의 부동산에 대해서도 취득시효할 수 있다.
② 성명불상자의 소유물에 대해서도 시효취득할 수 있다.
③ 부동산의 일부에 대해서도 시효취득할 수 있다.
④ 공유지분의 일부에 대해서도 시효취득할 수 있다.
⑤ 국유재산 중 일반재산에 대해서는 시효취득할 수 있다.
　　- 원래 잡종재산이던 것이 행정재산으로 된 경우 잡종재산일 당시에 취득시효가 완성되었다고 하더라도 행정재산으로 된 이상 이를 원인으로 하는 소유권이전등기를 청구할 수 없다.
　　- 행정재산이더라도 공용폐지에 의하여 일반재산으로 되면 시효취득의 대상이 된다.
⑥ 집합건물의 공용부분은 취득시효할 수 없다.
⑦ 미등기부동산도 취득시효할 수 있다.
⑦ 간접점유(법인 아닌 사단, 종중)도 취득시효할 수 있다.

3 효과 ➡ 원시취득 · 점유개시시로 소급

제247조 【소유권 취득의 소급효, 중단사유】 ① 전 2조의 규정에 의한 소유권 취득의 효력은 점유를 개시한 때에 소급한다.
② 소멸시효의 중단에 관한 규정은 전 2조의 소유권 취득기간에 준용한다.

(1) 점유취득시효에 의한 부동산의 소유권의 취득은 원시취득에 해당한다.

　① 다만, 시효완성 후 점유자가 등기하기 전에 설정된 저당권 등의 제한물권이 있는 경우, 저당권 등에 의한 제한이 있는 상태로 소유권을 취득한다.

　② 시효취득자가 원소유자에 의하여 그 토지에 설정된 근저당권의 피담보채무를 변제하는 경우 자신의 이익을 위한 행위이므로, 변제액 상당에 대하여 원소유자에게 구상권을 행사하거나 부당이득을 이유로 그 반환청구를 할 수 없다.

(2) 부동산의 점유취득시효은 법률에 규정에 의한 소유권의 취득이지만, 반드시 등기하여야 소유권을 취득한다. 따라서 미등기부동산의 경우에도 등기하여야 한다.

(3) 점유자의 소유자에 대한 점유취득시효 완성에 따른 등기청구권은 채권적 청구권에 해당한다.

① 따라서 등기청구권은 채권적 청구권에 해당하여 10년간 행사하지 않으면 시효로 소멸하지만 점유자가 점유가 계속되고 있다면 시효로 인하여 소멸하지 않는다.

② 그러나 점유자가 점유를 상실하게 되면 점유를 상실하게 된 때로부터(즉시×) 10년간 행사하지 않으면 시효로 인하여 소멸한다.

③ 점유취득시효 완성에 따른 소유권이전등기청구권은 통상의 채권양도의 법리(채무자에게 통지 또는 채무자의 승낙)에 따라 양도할 수 있다. 따라서 시효완성자는 소유자(채무자)에게 통지하면 되고 소유자(채무자)의 동의 없이 등기청구권을 양도할 수 있다.

(4) **등기청구권의 상대방**

점유취득시효완성을 원인으로 한 소유권이전등기청구권은 시효완성 당시의 진정한 소유자를 상대로 하여야 한다. 따라서 시효완성당시의 등기가 무효라면 그 등기명의인을 상대로 시효완성을 주장할 수 없고, 시효완성자는 진정한 소유자를 대위하여 무효등기의 말소를 구하고 다시 위 진정한 소유자를 상대로 취득시효완성을 이유로 소유권이전등기청구권을 행사하여야 한다.

(5) 취득시효로 인한 소유권의 취득의 효과는 점유를 개시한 때로 소급한다.

(6) 따라서 점유자가 취득시효 기간 동안에 얻은 과실 기타의 이익은 정당한 권원에 의해 얻은 것이 되어 소유자에게 반환할 필요가 없다.

(7) 토지소유자는 점유자에 대하여 그 토지에 대한 불법점유임을 이유로 그 지상건물의 철거와 대지의 인도를 청구할 수 없고, 점유로 인한 손해배상청구나 부당이득반환청구할 수 없다.

4 시효기간의 만료 전에 등기명의인이 목적물을 제3자에게 처분한 경우

(1) 시효완성자는 제3자를 상대로 등기를 청구할 수 있다.

(2) 시효기간 중 등기부상의 소유자 변동은 시효중단사유가 아니다.

5 시효기간만료 후에 등기명의인이 목적물을 제3자에게 처분한 경우

(1) 취득시효 완성 후 그 점유자 명의의 등기 전에 제3자가 소유자로부터 부동산을 양수하여 등기를 마쳤다면 점유자는 제3자를 상대로 취득시효 완성을 주장할 수 없다.

(2) 시효완성 당시 미등기로 남아 있던 토지에 관하여 소유권을 가지고 있던 자가 시효완성 후에 그 명의로 소유권보존등기를 마친 경우 그 자는 새로운 제3자에 해당하지 않으므로 그 자에게는 시효완성을 주장할 수 있다.

(3) 시효완성 후 명의신탁이 해지되어 명의신탁자 명의로 소유권이전등기가 경료된 경우, 그 명의신탁자는 취득시효 완성 후에 새로운 소유권을 취득한 자에 해당하여 명의신탁자에게는 취득시효를 주장할 수 없다.

(4) 시효완성 후 소유자가 제3자에게 명의신탁을 한 경우, 소유자는 언제든지 수탁자를 상대로 언제든지 명의신탁을 해지하고 소유권이전등기를 청구할 수 있으므로, 점유자는 그 제3자(수탁자)를 상대로 취득시효의 완성을 주장할 수 있다(제3자가 소유자로서 권리를 행사하는 경우 점유자는 취득시효 완성을 이유로 이를 저지할 수 있다).

(5) 취득시효 완성 후 시효완성자가 그 명의로 등기하기 전에 취득시효 완성 전에 이미 설정된 가등기에 기하여 소유권이전의 본등기가 경료된 경우, 시효완성자(점유자)는 시료완성 후 본등기를 경료한 자에게 시효취득을 주장할 수 없다.

6 시효완성 후 소유권이 제3자에게 이전된 경우의 법률관계

(1) 소유자 甲이 시효완성 사실을 모르고 매매한 경우

① 점유자는 소유자에게 불법행위를 이유로 손해배상을 청구할 수 없다.

② 제3자는 시효완성 사실에 대하여 선의, 악의를 불문하고 X토지에 대한 소유권을 취득한다(따라서 점유자는 제3자에 대하여 시효완성을 주장할 수 없다).

(2) 소유자 甲이 시효완성 사실을 알고(점유자가 시효완성을 주장한 후) 매매한 경우

① 점유자는 소유자에게 불법행위를 이유로 손해배상을 청구할 수 있다(채무불이행을 이유로 손해배상을 청구할 수 없다).

② 제3자는 시효완성 사실에 대하여 선의, 악의를 불문하고 소유권을 취득한다.

③ 단, 제3자가 시효완성 사실에 대하여 알면서 적극가담한 경우에는 반사회질서 법률행위에 해당하여 무효이다.

(3) 어떤 사유로든 소유명의자에게 소유권이 복귀하였다면 시효완성자는 소유명의자에게 시효완성을 주장할 수 있다.

(4) 2차 취득시효

취득시효 완성 후 제3자에게 이전등기가 된 경우라도, 당초의 점유가 계속되고 있고 제3자에게 소유권이전된 시점을 새로운 기산점으로 삼아도 다시 취득시효의 점유기간이 완성되는 경우라면 점유자는 제3자를 상대로 취득시효의 완성을 주장할 수 있다.

(5) 대상청구권의 행사여부

① 시효완성 후 토지가 수용된 경우 점유자는 수용보상금에 대하여 대상청구권을 행사할 수 없다.

② 단, 시효완성 후 점유자가 소유자를 상대로 시효완성을 주장한 후에 토지가 수용된 경우에는 수용보상금에 대하여 대상청구권을 행사할 수 있다.

---

06 지상권의 효력

1 지상권자의 토지사용권

(1) 지상권자는 설정행위에서 정하여진 목적을 위하여 필요한 범위 안에서 토지를 사용할 권리를 가진다.

(2) 지상권설정자는 지상권자의 토지사용을 방해해서는 안 된다는 소극적인 인용의무를 부담하지만, 토지를 사용에 적합한 상태에 두어야 할 적극적인 의무는 없다.

(3) 상린관계에 관한 규정은 지상권에도 준용된다.

(4) 지상권은 점유할 권리를 포함한다. 그리고 지상권은 제256조의 소정의 권원에 해당하기 때문에 지상권자가 토지에 부속시킨 건물 기타 공작물이나 수목 등은 토지에 부합하지 않고, 매수청구의 대상이 된다.

(5) 지상권도 물권이기에 물권인 지상권의 내용의 실현이 방해되는 경우에는 물권적 청구권을 행사할 수 있으며, 지상권설정자에게도 행사할 수 있다.

2 지상권의 처분

(1) 지상권도 물권이므로 당연히 양도성을 가진다. 따라서 양도 또는 임대를 금지하는 약정은 무효이다.

(2) 지상권자는 지상권을 유보한 채 지상물 소유권만을 양도할 수도 있고 지상물 소유권을 유보한 채 지상권만을 양도할 수도 있는 것이어서 지상권자와 그 지상물의 소유권자가 반드시 일치하여야 하는 것은 아니다.

(3) 지상권은 독립된 물권으로서 다른 권리에 부종함이 없이 그 자체로서 양도될 수 있으며 그 양도성은 제282조, 제289조에 의하여 절대적으로 보장되고 있으므로 소유자의 의사에 반하여도 자유롭게 양도할 수 있다.

(4) 지상권자는 지상권 위에 저당권을 설정할 수 있다.

3 지료지급의무

(1) 의 의

① 지료는 지상권의 성립요소가 아니지만, 약정에 의하여 지료지급의무가 발생한다.

② 법정지상권의 경우에는 당사자의 청구에 의하여 법원이 지료를 정한다.

(2) 지상권이 이전된 경우

① 정기로 지급하기로 한 지료에 관한 약정이 등기된 경우, 지상권이 이전되면 장래의 지료지급의무는 당연히 이에 수반하여 이전된다.

② 과거의 지료연체 사실이 있는데 지상권이 이전된 경우

㉠ 토지소유자는 과거의 연체된 지료의 지급을 지상권의 양수인에게 청구하지 못한다.

㉡ 지료액 또는 그 지급시기 등 지료에 관한 약정은 이를 등기하여야만 제3자에게 대항할 수 있으므로, 지료의 등기를 하지 않은 이상 토지소유자는 구 지상권자의 지료연체 사실을 들어 지상권을 이전받은 자에게 대항하지 못한다.

(3) 토지소유권이 이전된 경우

① 지료등기가 없더라도 지료채권은 토지소유권에 수반하며, 따라서 신소유자는 지료를 청구할 수 있다.

② 지상권자가 그 권리의 목적이 된 토지의 특정한 소유자에 대하여 2년분 이상의 지료를 지불하지 아니한 경우에는 그 특정의 소유자는 선택에 따라 지상권의 소

멸을 청구할 수 있으나, 지상권자의 지료 지급 연체가 토지소유권의 양도 전후에 걸쳐 이루어진 경우에는 토지양수인에 대한 연체기간이 2년이 되지 않는다면 양수인은 지상권소멸청구를 할 수 없다.

(4) 지료증감청구권

> **제286조【지료증감청구권】** 지료가 토지에 관한 조세 기타 부담의 증감이나 지가의 변동으로 인하여 상당하지 아니하게 된 때에는 당사자는 그 증감을 청구할 수 있다.

① 사정변경원칙을 입법화한 것이다.

② 지료증감청구권은 형성권이다.

③ 편면적 강행규정이다. 따라서 불증액(不增額)특약은 유효이지만, 불감액(不減額)특약은 무효이다.

(5) 지료체납의 효과

> **제287조【지상권소멸청구권】** 지상권자가 2년 이상의 지료를 지급하지 아니한 때에는 지상권설정자는 지상권의 소멸을 청구할 수 있다.
>
> **제288조【지상권소멸청구와 저당권자에 대한 통지】** 지상권이 저당권의 목적인 때 또는 그 토지에 있는 건물, 수목이 저당권의 목적이 된 때에는 전조의 청구는 저당권자에게 통지한 후 상당한 기간이 경과함으로써 그 효력이 생긴다.

① 2년 이상의 지료를 지급하지 아니하였어야 한다. 즉, 체납된 지료액이 통산하여 2년분이어야 한다. 그런데 토지소유권이 양도되었다면 양수인에 대한 연체기간이 통산하여 2년 이상이어야 한다.

② 법정지상권의 경우 당사자 사이에 지료에 관한 협의가 있었다거나 법원에 의하여 지료가 결정되었다는 아무런 입증이 없다면, 법정지상권자가 지료를 지급하지 않았다고 하더라도 지료 지급을 지체한 것으로는 볼 수 없으므로, 법정지상권자가 2년 이상의 지료를 지급하지 아니하였음을 이유로 하는 토지소유자의 지상권소멸청구는 이유가 없다.

③ 지상권이 저당권의 목적인 경우 또는 그 토지 위에 있는 건물이나 수목이 저당권의 목적인 경우, 지료체납을 이유로 하는 지상권소멸청구는 저당권자에게 통지한 후 상당한 기간이 경과함으로써 그 효력이 생긴다.

④ 지상권소멸청구권도 형성권이다.

07 법정지상권

1 의 의

'관습법상의 법정지상권'이란 토지와 그 지상의 건물이 동일인에게 속하였다가 매매 기타 원인으로 각각 그 소유자를 달리하게 된 경우에, 그 건물을 철거한다는 특약이 없으면 건물소유자로 하여금 토지를 계속 사용하게 하려는 것이 당사자의 의사라고 보아 관습법에 의하여 건물소유자에게 인정되는 지상권을 의미한다.

2 성립요건

(1) 토지와 그 지상의 건물이 동일인의 소유에 속할 것

① 동일인의 소유에 속하고 있던 토지와 그 지상 건물이 강제경매 또는 국세징수법에 의한 공매 등으로 인하여 소유자가 다르게 된 경우에는 그 건물을 철거한다는 특약이 없는 한 건물소유자는 토지소유자에 대하여 그 건물의 소유를 위한 관습상 법정지상권을 취득한다. 원래 관습상 법정지상권이 성립하려면 토지와 그 지상 건물이 애초부터 원시적으로 동일인의 소유에 속하였을 필요는 없고, 그 소유권이 유효하게 변동될 당시에 동일인이 토지와 그 지상 건물을 소유하였던 것으로 족하다(대판 전합 2012.10.18, 2010다52140).

② 강제경매의 목적이 된 토지 또는 그 지상 건물의 소유권이 강제경매로 인하여 그 절차상의 매수인에게 이전된 경우에 건물의 소유를 위한 관습상 법정지상권이 성립하는가 하는 문제에 있어서는 그 매수인이 소유권을 취득하는 매각대금의 완납 시가 아니라 그 압류의 효력이 발생하는 때를 기준으로 하여 토지와 그 지상 건물이 동일인에 속하였는지가 판단되어야 한다(대판 전합 2012.10.18, 2010다52140).

③ 강제경매의 목적이 된 토지 또는 그 지상 건물에 관하여 강제경매를 위한 압류나 그 압류에 선행한 가압류가 있기 이전에 저당권이 설정되어 있다가 그 후 강제경매로 인해 그 저당권이 소멸하는 경우에는, 그 저당권 설정 이후의 특정 시점을 기준으로 토지와 그 지상 건물이 동일인의 소유에 속하였는지에 따라 관습상 법정지상권의 성립 여부를 판단하게 되면, 저당권자로서는 저당권 설정 당시를 기준으로 그 토지나 지상 건물의 담보가치를 평가하였음에도 저당권 설정 이후에 토지나 그 지상 건물의 소유자가 변경되었다는 외부의 우연한 사정으로 인하여 자신이 당초에 파악하고 있던 것보다 부당하게 높아지거나 떨어진 가치를 가진 담보를 취득하게 되는 예상하지 못한 이익을 얻거나 손해를 입게 되므로, 그 저당권 설정 당시를 기준으로 토지와 그 지상 건물이 동일인에게 속하였는지에 따라 관습상 법정지상권의 성립 여부를 판단하여야 한다(대판 2013.4.11, 2009다62059).

④ 동일인의 소유에 속하였던 토지와 건물이 매매, 증여, 강제경매, 국세징수법에 의한 공매 등으로 그 소유권자를 달리하게 된 경우에 그 건물을 철거한다는 특약이 없는 한 건물소유자는 그 건물의 소유를 위하여 그 부지에 관하여 관습상의 법정지상권을 취득하는 것이고 그 건물은 건물로서의 요건을 갖추고 있는 이상 무허가건물이거나 미등기건물이거나를 가리지 않는다(대판 1988.4.12, 87다카2404).

⑤ 미등기건물이 대지와 함께 양도되었는데 대지에 대해서만 소유권이전등기가 경료된 후 대지가 경매되어 소유자가 달라진 경우에는 관습법상의 법정지상권이 성립되지 않는다(대판 전합 2002.6.20, 2002다9660).

⑥ 관습상의 법정지상권의 성립 요건인 해당 토지와 건물의 소유권의 동일인에의 귀속과 그 후의 각기 다른 사람에의 귀속은 법의 보호를 받을 수 있는 권리변동으로 인한 것이어야 하므로, 원래 동일인에게의 소유권 귀속이 원인무효로 이루어졌다가 그 뒤 그 원인무효임이 밝혀져 그 등기가 말소됨으로써 그 건물과 토지의 소유자가 달라지게 된 경우에는 관습상의 법정지상권을 허용할 수 없다(대판 1999.3.26, 98다64189).

⑦ 공유자 중 1인이 지분 과반수의 동의에 기하여 공유지에 건물을 신축한 후 경매를 통하여 공유지가 분할됨에 따라 토지와 건물의 소유자가 달라진 경우에도 관습상의 법정지상권이 인정되지 않는다(대판 1993.4.13, 92다55756).

⑧ 토지공유자 중 1인이 공유토지 위에 건물을 소유하고 있다가 대지지분만을 양도한 경우에도 관습상의 법정지상권이 인정되지 않는다(대판 1987.6.23, 86다카2188).

⑨ 명의수탁자가 명의신탁토지 위에 건물을 신축한 경우에, 명의신탁 해지시 그 건물의 소유를 위한 관습법상의 법정지상권이 인정되지 않는다(대판 1986.5.27, 86다카62). 다만, 명의수탁자가 명의신탁토지 또는 지상건물을 제3자에게 양도한 경우에는 법정지상권이 성립할 수 있다.

⑩ 상호명의신탁, 즉 구분소유적 공유에서 공유자 甲이 배타적인 점유부분에 건물을 신축하여 소유하던 중 강제경매에 의하여 다른 공유자 乙이 대지지분을 취득하였다면 건물소유자 甲은 관습법상의 법정지상권을 취득한다(대판 1990.6.26, 89다카24094).

⑪ 甲과 乙이 대지를 각자 특정하여 매수하여 배타적으로 점유하여 왔으나 분필이 되어 있지 아니한 탓으로 그 특정부분에 상응하는 지분소유권이전등기만을 경료하였다면 그 대지의 소유관계는 처음부터 구분소유적 공유관계에 있다 할 것이고, 또한 구분소유적 공유관계에 있어서는 통상적인 공유관계와는 달리 당사자 내부에 있어서는 각자가 특정매수한 부분은 각자의 단독 소유로 되었다 할 것이므로, 乙은 위 대지 중 그가 매수하지 아니한 부분에 관하여는 甲에게 그 소유권을 주장할 수 없어 위 대지 중 乙이 매수하지 아니한 부분지상에 있는 乙 소유의

건물부분은 당초부터 건물과 토지의 소유자가 서로 다른 경우에 해당되어 그에 관하여는 관습상의 법정지상권이 성립될 여지가 없다(대판 1994.1.28, 93다49871).

⑫ 타인의 토지위에 토지소유자의 승낙을 얻어 신축한 건물을 매수, 취득한 경우에도 관습법상의 법정지상권이 인정되지 않는다(대판 1966.5.17, 66다504).

⑬ 토지의 매매에 수반하여 토지소유자가 매수인으로부터 토지대금을 다 받기 전에 그 토지위에 건물을 신축할 수 있도록 토지사용을 승낙하였다 하더라도 특별한 사정이 없는 한 매매당사자 사이에 그 토지에 관한 지상권 설정의 합의까지도 있었던 것이라고 할 수 없다 할 것이므로 그 매매계약이 적법하게 해제된 경우에는 토지매수인은 비록 당초에 토지사용 승낙을 받아 그 토지 위에 건물을 신축중이었다 하더라도 그 토지를 신축건물의 부지로 점유할 권원을 상실하게 되는 것이고 또 당초에 건물과 그 대지가 동일인의 소유였다가 경매 등의 사유로 소유자를 달리하게 되는 경우가 아닌 이상 관습에 의한 법정지상권도 성립되지 아니한다(대판 1988.6.28, 87다카2895).

⑭ 원래 채권을 담보하기 위하여 나대지상에 가등기가 경료되었고, 그 뒤 대지소유자가 그 지상에 건물을 신축하였는데, 그 후 그 가등기에 기한 본등기가 경료되어 대지와 건물의 소유자가 달라진 경우에 관습상 법정지상권을 인정하면 애초에 대지에 채권담보를 위하여 가등기를 경료한 사람의 이익을 크게 해하게 되기 때문에 특별한 사정이 없는 한 건물을 위한 관습상 법정지상권이 성립한다고 할 수 없다(대판 1994.11.22, 94다5458).

⑮ 환지로 인하여 새로운 분할지적선이 그어진 결과 환지 전에는 동일인에게 속하였던 토지와 그 지상건물의 소유자가 달라졌다 하더라도 환지의 성질상 건물의 부지에 관하여 소유권을 상실한 건물 소유자가 환지된 토지(건물부지)에 대하여 건물을 위한 관습상의 법정지상권을 취득한다거나 그 환지된 토지의 소유자가 그 건물을 위한 관습상의 법정지상권의 부담을 안게 된다고는 할 수 없다(대판 2001. 5.8, 2001다4101).

⑵ **토지와 건물의 소유권이 매매, 대물변제, 증여, 공유물분할, 강제경매, 국세징수법 등에 의하여 달라지게 될 것**

⑶ **토지와 건물의 소유권이 다른 사람에게 귀속될 때 당사자 사이에 건물을 철거한 다는 특약이 없을 것**

① 토지와 건물이 동일한 소유자에게 속하였다가 건물 또는 토지가 매매 기타 원인으로 인하여 양자의 소유자가 다르게 되었더라도, 당사자 사이에 그 건물을 철거

하기로 하는 합의가 있었던 경우에는 건물 소유자는 토지 소유자에 대하여 그 건물을 위한 관습상의 법정지상권을 취득할 수 없다(대판 1999.12.10, 98다58467).

② 토지와 건물의 소유자가 토지만을 타인에게 증여한 후 구 건물을 철거하되 그 지상에 자신의 이름으로 건물을 다시 신축하기로 합의한 경우, 그 건물 철거의 합의는 건물 소유자가 토지의 계속 사용을 그만두고자 하는 내용의 합의로 볼 수 없어 관습상의 법정지상권의 발생을 배제하는 효력이 인정되지 않는다(대판 1999.12.10, 98다58467).

③ 대지에 관한 임대차계약을 체결하였다면 관습법상의 법정지상권을 포기한 것으로 보아야 한다(대판 1991.5.14, 91다1912).

④ 건물철거에 대한 합의 등 특별한 사정에 대한 입증책임은 그러한 사정을 주장하는 자가 진다(대판 1988.9.27, 87다카279).

3 관습법상의 법정지상권의 내용

(1) 관습법상의 법정지상권이 성립된 토지에 대하여는 법정지상권자가 건물의 유지 및 사용에 필요한 범위를 벗어나지 않은 한 그 토지를 자유로이 사용할 수 있는 것이므로, 지상건물이 법정지상권이 성립한 이후에 증축되었다 하더라도 그 건물이 관습법상의 법정지상권이 성립하여 법정지상권자에게 점유·사용할 권한이 있는 토지 위에 있는 이상 이를 철거할 의무는 없다.

(2) 관습상의 지상권은 법률행위로 인한 물권의 취득이 아니고 관습법에 의한 부동산물권의 취득이므로 등기를 필요로 하지 아니하고 지상권취득의 효력이 발생하고 이 관습상의 법정지상권은 물권으로서의 효력에 의하여 이를 취득할 당시의 토지소유자나 이로부터 소유권을 전득한 제3자에게 대하여도 등기 없이 위 지상권을 주장할 수 있다(대판 1988.9.27, 87다카279).

(3) 법정지상권을 가진 건물소유자로부터 건물을 양수하면서 법정지상권까지 양도받기로 한 자는 채권자대위의 법리에 따라 전건물소유자 및 대지소유자에 대하여 차례로 지상권의 설정등기 및 이전등기절차이행을 구할 수 있다 할 것이므로 이러한 법정지상권을 취득할 지위에 있는 자에 대하여 대지소유자가 소유권에 기하여 건물철거를 구함은 지상권의 부담을 용인하고 그 설정등기절차를 이행할 의무있는 자가 그 권리자를 상대로 한 청구라 할 것이어서 신의성실의 원칙상 허용될 수 없다(대판 전합 1985.4.9, 84다카1131·1132).

(4) 관습법상의 법정지상권에 관하여는 특별한 사정이 없는 한 민법의 지상권에 관한 규정이 준용되므로, 당사자 사이에 관습법상의 법정지상권의 존속기간에 대하여 따로 정하지 않은 때에는 위 기간은 민법 제281조 제1항에 의하여 민법 제280조 제1항 각 호에 규정된 기간이 된다(대판 2013.9.12, 2013다43345).

(5) 지료는 당사자간의 합의 또는 법원의 결정에 의한다.

08 전세권

1 의 의

제303조 【전세권의 내용】 ① 전세권자는 전세금을 지급하고 타인의 부동산을 점유하여 그 부동산의 용도에 좇아 사용 · 수익하며, 그 부동산 전부에 대하여 후순위 권리자 기타 채권자보다 전세금의 우선변제를 받을 권리가 있다.
② 농경지는 전세권의 목적으로 하지 못한다.

(1) 전세권도 물권이므로, 양도성을 가진다. 다만, 설정계약으로 양도를 제한할 수 있다. 즉, 전세권양도금지특약은 유효하다.

» 지상권양도금지특약은 무효이다.

(2) 전세권을 침해하면 전세권에 기한 물권적 청구권도 인정된다.

(3) 전세권자는 전세금에 관하여 우선변제권이 인정된다.

2 전세권의 효력

(1) 건물이 전세권의 목적인 경우

제304조 【건물의 전세권, 지상권, 임차권에 대한 효력】 ① 타인의 토지에 있는 건물에 전세권을 설정한 때에는 전세권의 효력은 그 건물의 소유를 목적으로 한 지상권 또는 임차권에 미친다.
② 전항의 경우에 전세권설정자는 전세권자의 동의 없이 지상권 또는 임차권을 소멸하게 하는 행위를 하지 못한다.

(2) 전세권자의 목적물의 유지 · 수선의무

> 제309조【전세권자의 유지, 수선의무】전세권자는 목적물의 현상을 유지하고 그 통상의 관리에 속한 수선을 하여야 한다.

(3) 전세권의 처분 및 양도

> 제306조【전세권의 양도, 임대 등】전세권자는 전세권을 타인에게 양도 또는 담보로 제공할 수 있고, 그 존속기간 내에서 그 목적물을 타인에게 전전세 또는 임대할 수 있다. 그러나 설정행위로 이를 금지한 때에는 그러하지 아니하다.
> 제307조【전세권양도의 효력】전세권양수인은 전세권설정자에 대하여 전세권양도인과 동일한 권리의무가 있다.

3 전세권의 소멸

(1) 불가항력으로 인한 멸실

> 제314조【불가항력으로 인한 멸실】① 전세권의 목적물의 전부 또는 일부가 불가항력으로 인하여 멸실된 때에는 그 멸실된 부분의 전세권은 소멸한다.
> ② 전항의 일부멸실의 경우에 전세권자가 그 잔존부분으로 전세권의 목적을 달성할 수 없는 때에는 전세권설정자에 대하여 전세권 전부의 소멸을 통고하고 전세금의 반환을 청구할 수 있다.

(2) 전세권자의 책임 있는 사유로 인한 멸실

> 제315조【전세권자의 손해배상책임】① 전세권의 목적물의 전부 또는 일부가 전세권자에 책임 있는 사유로 인하여 멸실된 때에는 전세권자는 손해를 배상할 책임이 있다.
> ② 전항의 경우에 전세권설정자는 전세권이 소멸된 후 전세금으로써 손해의 배상에 충당하고 잉여가 있으면 반환하여야 하며 부족이 있으면 다시 청구할 수 있다.

(3) 전세권의 소멸청구

> 제311조【전세권의 소멸청구】① 전세권자가 전세권설정계약 또는 그 목적물의 성질에 의하여 정하여진 용법으로 이를 사용, 수익하지 아니한 경우에는 전세권설정자는 전세권의 소멸을 청구할 수 있다.
> ② 전항의 경우에는 전세권설정자는 전세권자에 대하여 원상회복 또는 손해배상을 청구할 수 있다.

09 전세권의 존속기간과 전세금

1 전세권의 존속기간

> **제312조 【전세권의 존속기간】** ① 전세권의 존속기간은 10년을 넘지 못한다. 당사자의 약정
> 기간이 10년을 넘는 때에는 이를 10년으로 단축한다.
> ② 건물에 대한 전세권의 존속기간을 1년 미만으로 정한 때에는 이를 1년으로 한다.
> ③ 전세권의 설정은 이를 갱신할 수 있다. 그 기간은 갱신한 날로부터 10년을 넘지 못한다.
> ④ 건물의 전세권설정자가 전세권의 존속기간 만료 전 6월부터 1월까지 사이에 전세권자에
> 대하여 갱신거절의 통지 또는 조건을 변경하지 아니하면 갱신하지 아니한다는 뜻의 통지를
> 하지 아니한 경우에는 그 기간이 만료된 때에 전전세권과 동일한 조건으로 다시 전세권을
> 설정한 것으로 본다. 이 경우 전세권의 존속기간은 그 정함이 없는 것으로 본다.
> **제313조 【전세권의 소멸통고】** 전세권의 존속기간을 약정하지 아니한 때에는 각 당사자는 언
> 제든지 상대방에 대하여 전세권의 소멸을 통고할 수 있고, 상대방이 이 통고를 받은 날로부
> 터 6월이 경과하면 전세권은 소멸한다.

(1) 존속기간의 약정이 있는 경우

① 당사자는 설정행위에 의하여 존속기간을 10년의 범위 내에서 임의로 정할 수 있
   으며, 등기하여야 대항할 수 있다.

② 존속기간의 약정이 있는 경우, 그 최장기간은 10년을 넘지 못하며 약정기간이 10년
   을 넘더라도 10년으로 단축된다. 그리고 존속기간이 만료되면 설정합의를 갱신할
   수 있지만, 그 존속기간은 갱신한 날로부터 10년을 넘지 못한다. 이 갱신합의는
   등기하여야 효력이 발생한다.

③ 건물전세권의 최단존속기간은 1년이다. 토지전세권의 최단존속기간의 규정은 없다.

(2) 존속기간을 정하지 않은 경우

① 건물전세권에 관하여 존속기간의 약정이 없는 경우, 건물전세권의 존속기간은
   1년이다.

② 전세권의 존속기간을 정하지 않은 경우에는 각 당사자는 언제든지 상대방에게 전
   세권의 소멸을 통고할 수 있고, 상대방이 이 통고를 받은 날로부터 6월이 경과하
   면 전세권은 소멸한다.

(3) 건물전세권의 법정갱신

① 법정갱신이므로 등기를 요하지 않는다.

② 전세권의 법정갱신이 된 경우 조건은 동일하고, 기간은 정하지 않는 것으로 본다.

③ 건물전세권만 법정갱신이 인정되고, 토지전세권에는 인정되지 않는다.

2 전세금

(1) 전세금이란 전세권을 설정하면서 전세권자가 전세권설정자에게 교부하고, 전세권이 소멸하면 전세권자가 전세권설정자로부터 반환받는 금전을 의미한다.

(2) 전세금의 지급은 전세권의 성립요소이다.

(3) 전세금의 지급은 반드시 현실적으로 수수되어야만 하는 것은 아니고 기존의 채권으로 전세금의 지급을 갈음할 수도 있다.

(4) 전세권자의 전세금지급의무는 부동산소유자의 전세권설정등기의무 및 목적부동산 인도의무와 동시이행관계에 있다.

(5) 전세금의 성질은 사용대가로서의 성질, 전세권자의 귀책사유로 인한 손해를 담보하는 보증금으로서의 성질, 신용수수의 수단으로서의 성질을 가진다.

> **관련판례**
>
> 전세권이 존속하는 한에서는 전세권과 분리하여 전세금반환채권만을 양도할 수 없다. 다만, 장래에 전세권이 소멸하는 경우에 전세금반환청구권이 발생하는 것을 조건으로 그 장래의 조건부 채권을 양도할 수 있을 뿐이다(대판 2002.8.23, 2001다69122).

10 유치권

1 유치권의 성립요건

> **제320조【유치권의 내용】** ① 타인의 물건 또는 유가증권을 점유한 자는 그 물건이나 유가증권에 관하여 생긴 채권이 변제기에 있는 경우에는 변제를 받을 때까지 그 물건 또는 유가증권을 유치할 권리가 있다.
> ② 전항의 규정은 그 점유가 불법행위로 인한 경우에 적용하지 아니한다.

(1) 채권과 목적물과의 견련성

① 채권이 목적물 자체로부터 생긴 경우

    ㉠ 목적물에 지출한 필요비·유익비의 상환청구권(제203조)

    ㉡ 동물의 침해로 인한 손해배상청구권(제759조), 물건의 하자로 인한 손해배상청구권

     ⓒ 물건의 수선대금, 운송인의 운임

     ⓔ 건물도급계약에서 도급인의 공사비지급 이행지체에 따른 지연배상청구권

> **관련판례**
>
> 1. 건물의 임대차에 있어서 임차인의 임대인에게 지급한 임차보증금반환청구권이나 임대인이 건물시설을 아니하기 때문에 임차인에게 건물을 임차목적대로 사용 못 한 것을 이유로 하는 손해배상청구권은 모두 민법 제320조 소정 소위 그 건물에 관하여 생긴 채권이라 할 수 없다(대판 1976.5.11, 75다1305).
> 2. 임대인과 임차인 사이에 건물명도시 권리금을 반환하기로 하는 약정이 있었다 하더라도 그와 같은 권리금반환청구권은 건물에 관하여 생긴 채권이라 할 수 없으므로 그와 같은 채권을 가지고 건물에 대한 유치권을 행사할 수 없다(대판 1994.10.14, 93다62119).

② 채권이 목적물의 반환청구권과 동일한 법률관계 또는 동일한 사실관계로부터 발생한 경우

     ㉠ 매매계약의 무효·취소의 결과 생기는 대금반환청구권과 목적물반환의무

     ㉡ 식당에서 우연히 우산을 서로 바꾸어 간 경우

> **관련판례**
>
> 유치권의 성립에는 채권자의 채권과 유치권의 목적인 물건 간에 일정한 관련이 있으면 충분하고, 물건 점유 이전에 그 물건에 관련하여 채권이 발생한 후 그 물건에 대하여 점유를 취득한 경우에도 그 채권자는 유치권에 의해 보호된다(대판 1965.3.30, 64다1977).

(2) 변제기의 도래

(3) 점유하고 있을 것

① 점유는 직접점유이든 간접점유이든 묻지 않는다. 그러나 채무자를 직접점유자로 하여 채권자(유치권자)가 간접점유하는 경우에는 인정되지 않는다.

② **점유가 불법행위로 인하여 취득한 것이 아니어야 한다.**

     ㉠ 타인의 물건을 훔치거나 횡령한 경우, 점유의 취득이 점유의 침탈이나 사기·강박에 의한 경우, 고의나 과실로 권원 없이 타인의 물건을 점유한 자 등이 물건에 비용을 지출했다 하더라도 유치권이 성립하지 않는다.

     ㉡ 임대차계약이 해지된 후에는 건물임차인이 그 건물에 대해 필요비를 지출하였다 하여도 그 필요비상환청구권에 유치권을 주장하지 못한다.

③ 채무자 소유의 건물에 경매개시결정의 기입등기가 경료되어 압류의 효력이 발생한 후에 채무자가 채권자에게 그 점유를 이전한 경우, 이는 압류의 처분금지효에 저촉되므로 유치권이 인정되지 않는다.

(4) 유치권배제특약이 없을 것

2 유치권의 효력 및 소멸

(1) 유치권자의 권리

① 목적물 유치·인도거절권

② 경매권

③ 간이변제충당권

④ 과실수취권

⑤ 보존에 필요한 유치물 사용권(제324조 제2항 단서)

⑥ 비용상환청구권

(2) 유치권자의 선관의무

(3) 유치권의 특유한 소멸원인

① 의무위반으로 인한 유치권소멸청구(제324조 제3항)

② 타 담보제공으로 인한 유치권소멸청구(제327조)

③ 점유상실(제328조)

>> 유치권의 행사는 채권의 소멸시효 진행에 영향을 미치지 아니한다.

11 물상대위

1 물상대위

> **제342조 【물상대위】** 질권은 질물의 멸실, 훼손 또는 공용징수로 인하여 질권설정자가 받을 금전 기타 물건에 대하여도 이를 행사할 수 있다. 이 경우에는 그 지급 또는 인도 전에 압류하여야 한다.

(1) 의 의

물상대위란 질물의 멸실·훼손·공용징수로 인하여 질권이 소멸하더라도, 그의 교환가치를 대표하는 것이 존재하는 때에는 질권이 그 가치대표물 위에 존속하는 것을 말한다.

(2) 물상대위의 객체

① 보험금청구권, 손해배상청구권, 보상금청구권 등 질물의 멸실·훼손 또는 공용징수로 인하여 질권설정자가 받을 금전 기타 물건이다.

② 목적물의 교환가치가 구체화된 경우라도 질권자가 질물에 추급할 수 있다면(예 질권이 설정된 물건이 매매된 경우 그 매매대금) 물상대위는 인정되지 않는다.

(3) 물상대위의 행사요건

① 물상대위를 행사하려면 설정자가 금전 기타의 물건을 지급 또는 인도받기 전에 그 목적물을 압류하여야 한다.

② 압류를 요하는 것은 일단 질권설정자가 이를 지급 또는 인도받으면 질권설정자의 일반재산과 혼합되어 그 특정성을 잃기 때문에, 그 지급 후에 질권자의 추급을 허용한다면 다른 채권자의 이익을 해할 염려가 있으므로 지급 또는 인도 전에 그 특정성을 유지하기 위해서이다.

③ 물상대위권의 행사를 위한 압류는 특정성을 유지하기 위한 것이므로 반드시 질권자에 의한 압류를 요하는 것은 아니다.

> **관련판례**
>
> 질물의 멸실로 인해 생긴 물상대위물에 대해 그것이 어느 사유에 의하든 압류된 것과 같이 특정이 된 경우에는 질권자는 자신이 직접 민법 제342조 단서에 의한 압류를 하지 않더라도 당연히 그것에 대해 질권을 행사할 수 있다(대판 1987.5.26, 86다카1058).

12 저당권의 효력이 미치는 범위

1 피담보채권의 범위

> **제360조【피담보채권의 범위】** 저당권은 원본, 이자, 위약금, 채무불이행으로 인한 손해배상 및 저당권의 실행비용을 담보한다. 그러나 지연배상에 대하여는 원본의 이행기일을 경과한 후의 1년분에 한하여 저당권을 행사할 수 있다.

(1) 원 본

원본채권이 일부 또는 전부가 등기되면 피담보채권이 된다. 담보되는 원본의 금액, 변제기, 지급장소 등은 등기사항이다.

(2) 이 자

이자의 약정이 있으면 이율, 발생기, 지급시기, 지급장소를 등기하여야 한다. 지연배상에서와 달리 이자채권은 저당권에 의하여 무제한으로 담보된다.

(3) 채무불이행으로 인한 손해배상

채무불이행으로 인한 손해배상, 즉 지연배상에 대하여 원본의 이행기일을 경과한 후 1년분에 한하여 저당권을 행사할 수 있다.

(4) 위약금

위약금의 약정이 있으면, 그것이 손해배상액의 예정이든 위약벌이든 관계없이 등기하여야 저당권에 의하여 담보된다.

(5) 저당권의 실행비용

부동산감정비용과 같은 저당권의 실행비용은 등기가 없더라도 당연히 저당권의 피담보채권의 범위에 속한다.

2 저당권의 효력이 미치는 목적물의 범위

(1) 저당부동산

(2) 부합물과 종물

> **제358조 【저당권의 효력의 범위】** 저당권의 효력은 저당부동산에 부합된 물건과 종물에 미친다. 그러나 법률에 특별한 규정 또는 설정행위에 다른 약정이 있으면 그러하지 아니하다.

① **저당부동산에 부합된 물건**

  ㉠ 건물의 엘리베이터나 냉·난방시설, 주유소부지 지하에 설치된 유류저장탱크 또는 부속건물에 저당권의 효력이 미친다.

  ㉡ 저당권설정 당시의 부합물이든 설정 후의 부합물이든 저당권의 효력이 미친다.

② **저당부동산의 종물**

  ㉠ 저당권설정 전의 종물은 물론 설정 후의 종물에도 저당권의 효력이 미친다.

  ㉡ 판례는 제358조 본문을 유추적용하여 지상권(종된 권리)에도 저당권의 효력이 미친다고 한다.

  ㉢ 주유소의 주유기 등에 대해서도 저당권의 효력이 미친다.

관련판례

1. 건물의 증축부분이 기존건물에 부합하여 기존건물과 분리해서는 별개의 독립물로서의 효용을 갖지 못하는 이상 민법 제358조에 의하여 부합된 증축부분에도 기존건물에 대한 근저당권의 효력이 미치므로, 기존건물에 대한 경매절차에서 경매목적물로 평가되지 않았더라도 경락인은 부합된 증축부분의 소유권을 취득한다(대판 1992.12.8, 92다26772).

2. 구분건물에 있어 대지사용권의 분리처분이 가능하도록 규약으로 정하는 등의 특별한 사정이 없는 한, 민법 제358조를 유추적용하여 소유자가 사후에 취득한 대지권에도 미친다(대판 1995.10.13, 95다25206).

3. 민법 제358조 본문은 저당권의 효력은 저당부동산에 부합된 물건과 종물에 미친다고 규정하고 있는바, 이 규정은 저당부동산에 대한 종된 권리에도 유추적용되어 건물에 대한 저당권의 효력은 그 건물의 소유를 목적으로 하는 지상권에도 미친다(대판 1992.7.14, 92다527).

(3) 과 실

> **제359조 【과실에 대한 효력】** 저당권의 효력은 저당부동산에 대한 압류가 있은 후에 저당권설정자가 그 부동산으로부터 수취한 과실 또는 수취할 수 있는 과실에 미친다. 그러나 저당권자가 그 부동산에 대한 소유권, 지상권 또는 전세권을 취득한 제3자에 대하여는 압류한 사실을 통지한 후가 아니면 이로써 대항하지 못한다.

(4) 근저당권

> **제357조 【근저당권】** ① 저당권은 그 담보할 채무의 최고액만을 정하고 채무의 확정을 장래에 보류하여 이를 설정할 수 있다. 이 경우에는 그 확정될 때까지의 채무의 소멸 또는 이전은 저당권에 영향을 미치지 아니한다.
> ② 전항의 경우 채무의 이자는 최고액 중에 산입한 것으로 본다.

관련판례

1. 근저당권이 설정된 후에 그 부동산의 소유권이 제3자에게 이전된 경우에는 현재의 소유자가 자신의 소유권에 기하여 피담보채무의 소멸을 원인으로 그 근저당권설정등기의 말소를 청구할 수 있음은 물론이지만, 근저당권설정자인 종전의 소유자도 근저당권설정계약의 당사자로서 근저당권소멸에 따른 원상회복으로 근저당권자에게 근저당권설정등기의 말소를 구할 수 있는 계약상 권리가 있으므로 이러한 계약상 권리에 터잡아 근저당권자에게 피담보채무의 소멸을 이유로 하여 그 근저당권설정등기의 말소를 청구할 수 있다고 봄이 상당하고, 목적물의 소유권을 상실하였다는 이유만으로 그러한 권리를 행사할 수 없다고 볼 것은 아니다(대판 전합 1994.1.25, 93다16338).

2. 근저당권은 피담보채무가 확정되기 이전이라면 채무의 범위나 또는 채무자를 변경할 수 있는 것이고, 채무의 범위나 채무자가 변경된 경우에는 당연히 변경 후의 범위에 속하는 채권이나 채무자에 대한 채권만이 당해 근저당권에 의하여 담보되고, 변경 전의 범위에 속하는 채권이나 채무자에 대한 채권은 그 근저당권에 의하여 담보되는 채무의 범위에서 제외된다(대판 1999.5.14, 97다15777).

3. 피담보채무는 근저당권설정계약에서 근저당권의 존속기간을 정하거나 근저당권으로 담보되는 기본적인 거래계약에서 결산기를 정한 경우에는 원칙적으로 존속기간이나 결산기가 도래한 때에 확정되지만, 이 경우에도 근저당권에 의하여 담보되는 채권이 전부 소멸하고 채무자가 채권자로부터 새로이 금원을 차용하는 등 거래를 계속할 의사가 없는 경우에는, 그 존속기간 또는 결산기가 경과하기 전이라 하더라도 근저당권설정자는 계약을 해제하고 근저당권설정등기의 말소를 구할 수 있고, 존속기간이나 결산기의 정함이 없는 때에는 근저당권설정자가 근저당권자를 상대로 언제든지 해지의 의사표시를 함으로써 피담보채무를 확정시킬 수 있으며, 이러한 계약의 해제 또는 해지에 관한 권한은 근저당부동산의 소유권을 취득한 제3자도 원용할 수 있다고 할 것이다(대판 2001.11.9, 2001다47528).

4. 채권최고액의 정함이 있는 근저당권에 있어서 이러한 채권의 총액이 그 채권최고액을 초과하는 경우, 적어도 근저당권자와 채무자 겸 근저당권설정자와의 관계에 있어서는 위 채권전액의 변제가 있을 때까지 근저당권의 효력은 채권최고액과는 관계없이 잔존채무에 여전히 미친다(대판 2001.10.12, 2000다59081).

5. 근저당권의 물상보증인은 민법 357조에서 말하는 채권의 최고액만을 변제하면 근저당권설정등기의 말소청구를 할 수 있고 채권최고액을 초과하는 부분의 채권액까지 변제할 의무가 있는 것이 아니다(대판 1974.12.10, 74다998).

6. 근저당부동산에 대하여 후순위근저당권을 취득한 자는 민법 제364조에서 정한 권리를 행사할 수 있는 제3취득자에 해당하지 아니하므로 이러한 후순위근저당권자가 선순위근저당권의 피담보채무가 확정된 이후에 그 확정된 피담보채무를 변제한 것은 민법 제469조의 규정에 의한 이해관계 있는 제3자의 변제로서 유효한 것인지 따져볼 수는 있을지언정 민법 제364조의 규정에 따라 선순위근저당권의 소멸을 청구할 수 있는 사유로는 삼을 수 없다(대판 2006.1.26, 2005다17341).

7. 근저당권자가 피담보채무의 불이행을 이유로 경매신청을 한 경우에는 경매신청시에 근저당권의 피담보채무액이 확정된다(대판 1997.12.9, 97다25521).

8. 후순위 근저당권자가 경매를 신청한 경우 선순위 근저당권의 피담보채권은 그 근저당권이 소멸하는 시기, 즉 경락인이 경락대금을 완납한 때에 확정된다(대판 1999.9.21, 99다26085).

9. 근저당권자가 피담보채무의 불이행을 이유로 경매신청을 한 경우에는 경매신청시에 근저당 채무액이 확정되고, 그 이후부터 근저당권은 부종성을 가지게 되어 보통의 저당권과 같은 취급을 받게 되는바, 위와 같이 경매신청을 하여 경매개시결정이 있은 후에 경매신청이 취하되었다고 하더라도 채무확정의 효과가 번복되는 것은 아니다(대판 2002.11.26, 2001다73022).

10. 근저당권자의 경매신청 등의 사유로 인하여 근저당권의 피담보채권이 확정되었을 경우, 확정 이후에 새로운 거래관계에서 발생한 원본채권은 그 근저당권에 의하여 담보되지 아니하지만, 확정 전에 발생한 원본채권에 관하여 확정 후에 발생하는 이자나 지연손해금 채권은 채권최고액의 범위 내에서 근저당권에 의하여 여전히 담보되는 것이다(대판 2007.4.26, 2005다38300).

M·E·M·O

채권법

01 채권자대위권

> **제404조【채권자대위권】**
> ① 채권자는 자기의 채권을 보전하기 위하여 채무자의 권리를 행사할 수 있다. 그러나 일신에 전속한 권리는 그러하지 아니하다(대위하지 못한다).
> ② 채권자는 그 채권의 기한이 도래하기 전에는 법원의 허가없이 전항의 권리를 행사하지 못한다. 그러나 보전행위는 그러하지 아니하다.
>
> **제405조【채권자대위권행사의 통지】**
> ① 채권자가 전조 제1항의 규정에 의하여 보전행위 이외의 권리를 행사한 때에는 채무자에게 통지하여야 한다.
> ② 채무자가 전항의 통지를 받은 후에는 그 권리를 처분하여도 이로써 채권자에게 대항하지 못한다.

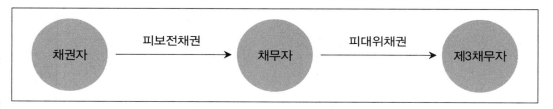

채권자대위권의 행사요건

1. 피보전채권의 존재
2. 채권자의 채권이 이행기가 도래하여야 함
3. 채권보전의 필요성
4. 채무자의 권리가 일신전속적 권리가 아니어야 함
5. 채무자의 권리불행사
6. 채무자의 동의는 不要

1 피보전채권(彼保全債權)

(1) 물권적 청구권, 채권적 청구권, 금전채권 등 공동담보로 되는 채권이기만 하면 족하다.

(2) 일반금전채권의 경우 채무자의 무자력이 요구된다(무자력의 판단시기는 사실심변론 종결시를 기준으로 한다).

(3) 특정채권(예를 들면 등기청구권)은 채무자의 무자력을 요구하지 않는다.

(4) 피보전채권이 피대위채권보다 먼저 성립되어 있을 필요는 없다.

(5) 그러나 최소한 피보전채권의 이행기는 도래하여야 한다(다만 법원의 허가, 보존행위에는 이행기 도래하기 전에도 채권자대위권을 행사할 수 있다).

2 피대위채권(彼代位債權)

(1) 청구권, 형성권, 채권자대위권, 채권자취소권, 등기청구권, 토지거래허가 신청절차 협력의무의 이행청구권 등은 채권자대위권의 객체가 된다.

(2) 행사상의 일신전속권(가족권, 인격권, 부부간의 계약취소권, 인격권의 침해에 의한 위자료청구권, 이혼으로 인한 재산분할청구권 등), 압류금지채권 등은 채권자대위권의 객체가 될 수 없다.

3 대위권 행사

(1) 채권자대위권은 채권자가 자기의 이름으로(채무자의 이름으로 ×) 재판상 또는 재판 외에서 채무자의 권리를 행사하는 권리이다.

(2) 채무자가 자신의 권리를 행사하고 있으면(설사 그 권리행사가 부적절하더라도) 채권자는 대위권을 행사할 수 없다.

(3) 채권자가 대위권을 행사하는 경우 채무자에게 통지하여야 한다(대위권행사에 채무자의 동의를 요한다 ×). 채무자는 통지를 받은 후 자신의 권리처분으로 채권자에게 대항하지 못한다.

(4) 제3채무자는 채무자에 대한 항변으로 채권자에게 대항할 수 있다. 그러나 채무자의 채권자에 대한 항변사유로 제3채무자는 채권자에게 대항하지 못한다.

(5) 채권자의 소송사실을 어떤 사유로든 채무자가 알고 있었다면 제3채무자와 채권자간의 소송판결의 효력은 채무자에게 미친다(언제나 채무자에게 미친다 ×).

관련판례

1. 민법 제404조에서 규정하고 있는 채권자대위권은 채권자가 채무자에 대한 자기의 채권을 보전하기 위하여 필요한 경우에 채무자의 제3자에 대한 권리를 대위행사할 수 있는 권리를 말하는 것으로서, 이 때 보전되는 채권은 보전의 필요성이 인정되고 이행기가 도래한 것이면 족하고, 그 채권의 발생원인이 어떠하든 대위권을 행사함에는 아무런 방해가 되지 아니하며, 또한 채무자에 대한 채권이 제3채무자에게까지 대항할 수 있는 것임을 요하는 것도 아니라고 할 것이므로, 채권자대위권을 재판상 행사하는 경우에 있어서도 채권자인 원고는 그 채권의 존재사실 및 보전의 필요성, 기한의 도래 등을 입증하면 족한 것이지, 채권의 발생원인사실 또는 그 채권이 제3채무자인 피고에게 대항할 수 있는 채권이라는 사실까지 입증할 필요는 없으며, 따라서 채권자가 채무자를 상대로 하여 그 보전되는 청구권에 기한 이행청구의 소를 제기하여 승소판결이 확정되면 제3채무자는 그 청구권의 존재를 다툴 수 없다(대판 2000.6.9, 98다18155).

2. 채권을 보전하기 위하여 대위행사가 필요한 경우는 실체법상 권리뿐만 아니라 소송법상 권리에 대하여서도 대위가 허용되나, 채무자와 제3채무자 사이의 소송이 계속된 이후의 소송수행과 관련한 개개의 소송상 행위는 그 권리의 행사를 소송당사자인 채무자의 의사에 맡기는 것이 타당하므로 채권자대위가 허용될 수 없다. 같은 취지에서 볼 때 상소의 제기와 마찬가지로 종전 재심대상판결에 대하여 불복하여 종전 소송절차의 재개, 속행 및 재심판을 구하는 재심의 소 제기는 채권자대위권의 목적이 될 수 없다(대판 2012.12.27, 2012다75239).

3. 유류분반환청구권은 그 행사여부가 유류분권리자의 인격적 이익을 위하여 그의 자유로운 의사결정에 전적으로 맡겨진 권리로서 행사사상의 일신전속성을 가진다고 보아야 하므로, 유류분권리자에게 그 권리행사의 확정적 의사가 있다고 인정되는 경우가 아니라면 채권자대위권의 목적이 될 수 없다(대판 2010.5.27, 2009다93992).

4. 이혼으로 인한 재산분할청구권은 협의 또는 심판에 의하여 그 구체적 내용이 형성되기까지는 그 범위 및 내용이 불명확·불확정하기 때문에 구체적으로 권리가 발생하였다고 할 수 없으므로 이를 보전하기 위하여 채권자대위권을 행사할 수 없다(대판 1999.4.9, 98다58016).

5. 계약의 청약이나 승낙과 같이 비록 행사상의 일신전속권은 아니지만 이를 행사하면 그로써 새로운 권리의무관계가 발생하는 등으로 권리자 본인이 그로 인한 법률관계 형성의 결정 권한을 가지도록 할 필요가 있는 경우에는, 채무자에게 이미 그 권리행사의 확정적 의사가 있다고 인정되는 등 특별한 사정이 없는 한, 그 권리는 채권자대위권의 목적이 될 수 없다고 봄이 상당하다(대판 2012.3.29, 2011다100527).

6. 임대인의 임대차계약 해지권은 오로지 임대인의 의사에 행사의 자유가 맡겨져 있는 행사상의 일신전속권에 해당하는 것으로 볼 수 없다(대판 2007.5.10, 2006다82700).

7. 채권자대위권은 채무자가 제3채무자에 대한 권리를 행사하지 아니하는 경우에 한하여 채권자가 자기의 채권을 보전하기 위하여 행사할 수 있는 것이기 때문에 채권자가 대위권을 행사할 당시 이미 채무자가 그 권리를 재판상 행사하였을 때에는 설사 패소의 확정판결을 받았더라도 채권자는 채무자를 대위하여 채무자의 권리를 행사할 당사자적격이 없다(대판 1993.3.26, 92다32876).

8. 어떠한 사유로 인하였던 적어도 채권자대위권에 의한 소송이 제기된 사실을 채무자가 알았을 경우에는 그 판결의 효력은 채무자에게 미친다(대판 1975.5.13, 74다1664).

9. 채권자대위권 행사의 효과는 채무자에게 귀속되는 것이므로 채권자대위소송의 제기로 인한 소멸시효 중단의 효과 역시 채무자에게 생긴다(대판 2011.10.13, 2010다80930).

10. 채권자대위권에 기한 청구에서 제3채무자는 채무자가 채권자에 대하여 가지는 항변으로 대항할 수 없을뿐더러 채권의 소멸시효가 완성된 경우 이를 원용할 수 있는 자는 시효이익을 직접 받는 자만이고 제3채무자는 이를 행사할 수 없다(대판 1992.11.10, 92다35899).

11. 채권자대위의 모든 효과는 채무자에게 귀속되어 모든 채권자의 공동담보로 된다. 그러나 대위권을 행사함에 있어서 반드시 채무자에게 급부하라고 하여야 하는 것은 아니고, 채권자 자신에게 직접 급부하도록 요구하여도 된다(대판 2005.4.15, 2004다70024).

PART

03

02 채권자취소권

제406조【채권자취소권】① 채무자가 채권자를 해함을 알고 재산권을 목적으로 한 법률행위를 한 때에는 채권자는 그 취소 및 원상회복을 법원에 청구할 수 있다. 그러나 그 행위로 인하여 이익을 받은 자나 전득한 자가 그 행위 또는 전득당시에 채권자를 해함을 알지 못한 경우에는 그러하지 아니하다.
② 전항의 소는 채권자가 취소원인을 안 날로부터 1년, 법률행위있는 날로부터 5년 내에 제기하여야 한다.

제407조【채권자취소의 효력】전조의 규정에 의한 취소와 원상회복은 모든 채권자의 이익을 위하여 그 효력이 있다.

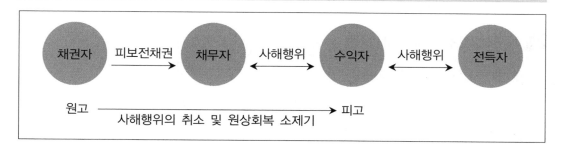

1 피보전채권

(1) 채권자대위권과 달리 특정 채권을 보전하기 위하여 행사하는 것은 허용되지 않는다. 즉 부동산의 매수인이 자신의 소유권이전등기청구권을 보전하기 위하여 채권자취소권을 행사할 수는 없다.

(2) **피보전채권의 발생시기**

① **원칙**: 사해행위 이전에 발생하여야 한다.

② **예외**: 사해행위 당시에 이미 채권 성립의 기초가 되는 법률관계가 발생되어 있고, 가까운 장래에 그 법률관계에 기하여 채권이 성립하리라는 점에 대한 고도의 개연성이 있으며, 실제로 가까운 장래에 그 개연성이 현실화되어 채권이 성립된 경우에는 그 채권도 채권자취소권의 피보전채권이 될 수 있다.

(3) 피보전채권의 이행기 도래는 채권자취소권의 요건이 아니다.

(4) 피보전채권액을 초과하여 취소권을 행사할 수 없고, 이 때 채권자의 채권액에는 사해행위 이후 사실심변론종결시까지 발생한 이자나 지연손해금이 포함된다.

2 사해행위(詐害行爲)

(1) **사해행위가 있을 것**

(2) **사해의사가 있을 것**

① 채무자와 수익자, 전득자에게 사해의사가 있어야 한다.

② 채무자의 사해의사는 채권자가 입증하여야 한다. 다만 유일한 부동산을 매각한 경우에는 채무자의 사해의사가 추정된다.

3 채권자취소권의 행사방법

(1) **채권자취소소송의 상대방**

채권자취소소송의 상대방은 수익자 또는 전득자이고, 채무자를 상대로 할 수 없다.

(2) **행사방법**

채권자가 민법 제406조 제1항에 따라 사해행위의 취소와 원상회복을 청구하는 경우 사해행위의 취소만을 먼저 청구한 다음 원상회복을 나중에 청구할 수 있다. 사해행위취소청구가 민법 제406조 제2항에 정하여진 기간 안에 제기되었다면 원상회복의 청구는 그 기간이 지난 뒤에도 할 수 있다.

4 채권자취소권의 행사효과

(1) 상대적 효력

채무자의 사해행위(법률행위)가 채권자취소권의 대상이기 때문에 수익자와 전득자 사이의 법률행위는 채권자취소권의 대상이 되지 아니한다. 따라서 채권자가 전득자를 상대로 채권자취소소송을 제기한 경우 그 취소의 효과는 채권자와 전득자 사이의 상대적인 관계에 대해서만 생기는 것이고 채무자 또는 채무자와 수익자 사이의 법률관계에는 미치지 않는 것이므로, 이 경우 취소의 대상이 되는 사해행위는 채무자와 수익자 사이에는 행하여진 법률행위에 국한되고, 수익자와 전득자 사이의 법률행위는 취소의 대상이 되지 않는다.

(2) 원상회복의 관계

① 원물의 반환이 원칙

② 채권자취소권의 행사에 우선변제권이 인정되지는 않는다. 사해행위가 취소되어 책임재산이 회복되면 총채권자의 공동담보가 된다.

관련판례

1. 채권자취소권에 의하여 보호될 수 있는 채권은 원칙적으로 사해행위라고 볼 수 있는 행위가 행하여지기 전에 발생된 것임을 요하나, 그 사해행위 당시에 이미 채권 성립의 기초가 되는 법률관계가 발생되어 있고, 가까운 장래에 그 법률관계에 기하여 채권이 성립되리라는 점에 대한 고도의 개연성이 있으며, 실제로 가까운 장래에 그 개연성이 현실화되어 채권이 성립된 경우에는 그 채권도 채권자취소권의 피보전채권이 될 수 있다(대판 2000. 2.25, 99다53704).

2. 채권자취소권 행사는 채무 이행을 구하는 것이 아니라 총채권자를 위하여 채무자의 자력 감소를 방지하고, 일탈된 채무자의 책임재산을 회수하여 채권의 실효성을 확보하는 데 목적이 있으므로, 피보전채권이 사해행위 이전에 성립되어 있는 이상 액수나 범위가 구체적으로 확정되지 않은 경우라고 하더라도 채권자취소권의 피보전채권이 된다(대판 2018.6.28, 2016다1045).

3. 채권자취소권을 특정물에 대한 소유권이전등기청구권을 보전하기 위하여 행사하는 것은 허용되지 않으므로, 부동산의 제1양수인은 자신의 소유권이전등기청구권 보전을 위하여 양도인과 제3자 사이에서 이루어진 이중양도행위에 대하여 채권자취소권을 행사할 수 없다(대판 1999.4.27, 98다56690).

4. 상속재산의 분할협의는 상속이 개시되어 공동상속인 사이에 잠정적 공유가 된 상속재산에 대하여 그 전부 또는 일부를 각 상속인의 단독소유로 하거나 새로운 공유관계로 이행시킴으로써 상속재산의 귀속을 확정시키는 것으로 그 성질상 재산권을 목적으로 하는 법률행위이므로 사해행위취소권 행사의 대상이 될 수 있다(대판 2001.2.9, 2000다51797).

5. 상속의 포기는 민법 제406조 제1항에서 정하는 "재산권에 관한 법률행위"에 해당하지 아니하여 사해행위취소의 대상이 되지 못한다(대판 2011.6.9, 2011다29307).

6. 유증을 받을 자가 이를 포기하는 것은 사해행위 취소의 대상이 되지 않는다고 보는 것이 옳다(대판 2019.1.17, 2018다260855).

7. 이혼으로 인한 재산분할청구권은 이혼을 한 당사자의 일방이 다른 일방에 대하여 재산분할을 청구할 수 있는 권리로서 이혼이 성립한 때에 그 법적 효과로서 비로소 발생하는 것일 뿐만 아니라, 협의 또는 심판에 의하여 구체적 내용이 형성되기까지는 그 범위 및 내용이 불명확·불확정하기 때문에 구체적으로 권리가 발생하였다고 할 수 없으므로 협의 또는 심판에 의하여 구체화되지 않은 재산분할청구권은 채무자의 책임재산에 해당하지 아니하고, 이를 포기하는 행위 또한 채권자취소권의 대상이 될 수 없다(대판 2013.10.11, 2013다7936).

8. 사해행위의 취소는 채권자와 수익자의 관계에서 상대적으로 채무자와 수익자 사이의 법률행위를 무효로 하는 데에 그치고 채무자와 수익자 사이의 법률관계에는 영향을 미치지 아니하므로, 채무자와 수익자 사이의 부동산매매계약이 사해행위로 취소되고 그에 따른 원상회복으로 수익자 명의의 소유권이전등기가 말소되어 채무자의 등기명의가 회복되더라도, 그 부동산은 취소채권자나 민법 제407조에 따라 사해행위 취소와 원상회복의 효력을 받는 채권자와 수익자 사이에서 채무자의 책임재산으로 취급될 뿐, 채무자가 직접 부동산을 취득하여 권리자가 되는 것은 아니다(대판 2017.3.9, 2015다217980).

9. 채무자가 사해행위 취소로 등기명의를 회복한 부동산을 제3자에게 처분하더라도 이는 무권리자의 처분에 불과하여 효력이 없으므로, 채무자로부터 제3자에게 마쳐진 소유권이전등기나 이에 기초하여 순차로 마쳐진 소유권이전등기 등은 모두 원인무효의 등기로서 말소되어야 한다. 이 경우 취소채권자나 민법 제407조에 따라 사해행위 취소와 원상회복의 효력을 받는 채권자는 채무자의 책임재산으로 취급되는 부동산에 대한 강제집행을 위하여 원인무효 등기의 명의인을 상대로 등기의 말소를 청구할 수 있다(대판 2017.3.9, 2015다217980).

10. 채권자가 사해행위의 취소와 함께 책임재산의 회복을 구하는 사해행위취소의 소에 있어서는 수익자 또는 전득자에게만 피고적격이 있고 채무자에게는 피고적격이 없다(대판 2009.1.15, 2008다72394).

11. 사해행위취소소송에 있어서 채무자의 악의의 점에 대하여는 그 취소를 주장하는 채권자에게 입증책임이 있으나 수익자 또는 전득자가 악의라는 점에 관하여는 입증책임이 채권자에게 있는 것이 아니고 수익자 또는 전득자 자신에게 선의라는 사실을 입증할 책임이 있다(대판 1997.5.23, 95다51908).

03 　연대채무

1 　연대채무의 의의

> **제413조【연대채무의 내용】** 수인의 채무자가 각자 이행할 의무가 있고 채무자 1인의 이행으로 다른 채무자도 그 의무를 면하게 되는 때에는 그 채무는 연대채무로 한다.

2 　절대적 효력

> **제416조【이행청구의 절대적 효력】** 어느 연대채무자에 대한 이행청구는 다른 연대채무자에게도 효력이 있다.
>
> **제417조【경개의 절대적 효력】** 어느 연대채무자와 채권자 간에 채무의 경개가 있는 때에는 채권은 모든 연대채무자의 이익을 위하여 소멸한다.
>
> **제418조【상계의 절대적 효력】** ① 어느 연대채무자가 채권자에 대하여 채권이 있는 경우에 그 채무자가 상계한 때에는 채권은 모든 연대채무자의 이익을 위하여 소멸한다.
> ② 상계할 채권이 있는 연대채무자가 상계하지 아니한 때에는 그 채무자의 부담부분에 한하여 다른 연대채무자가 상계할 수 있다.
>
> **제419조【면제의 절대적 효력】** 어느 연대채무자에 대한 채무면제는 그 채무자의 부담부분에 한하여 다른 연대채무자의 이익을 위하여 효력이 있다.
>
> **제420조【혼동의 절대적 효력】** 어느 연대채무자와 채권자 간에 혼동이 있는 때에는 그 채무자의 부담부분에 한하여 다른 연대채무자도 의무를 면한다.
>
> **제421조【소멸시효의 절대적 효력】** 어느 연대채무자에 대하여 소멸시효가 완성한 때에는 그 부담부분에 한하여 다른 연대채무자도 의무를 면한다.
>
> **제422조【채권자지체의 절대적 효력】** 어느 연대채무자에 대한 채권자의 지체는 다른 연대채무자에게도 효력이 있다.

🗐 연대채무의 효력

전부 절대적 효력이 있는 경우	부담부분에 한하여 절대적 효력이 있는 경우	상대적 효력이 있는 경우
• 변제, 대물변제, 공탁 • 이행의 청구 • 경개 • 상계 • 채권자지체	• 면제 • 혼동 • 소멸시효의 완성	• 청구 이외의 시효중단 　(압류 등) • 채무불이행 • 무효, 취소 • 확정판결

3 **연대채무자 상호 간의 구상관계**

> **제425조【출재채무자의 구상권】** ① 어느 연대채무자가 변제 기타 자기의 출재로 공동면책이
> 된 때에는 다른 연대채무자의 부담부분에 대하여 구상권을 행사할 수 있다.
> ② 전항의 구상권은 면책된 날 이후의 법정이자 및 피할 수 없는 비용 기타 손해배상을
> 포함한다.
>
> **제426조【구상요건으로서의 통지】** ① 어느 연대채무자가 다른 연대채무자에게 통지하지 아니
> 하고 변제 기타 출재로 공동면책이 된 경우에 다른 연대채무자가 채권자에게 대항할 수 있는
> 사유가 있었을 때에는 그 부담부분에 한하여 이 사유로 면책행위를 한 연대채무자에게 대항할
> 수 있고 그 대항사유가 상계인 때에는 상계로 소멸할 채권은 그 연대채무자에게 이전된다.
> ② 어느 연대채무자가 변제 기타 자기의 출재로 공동면책되었음을 다른 연대채무자에게 통
> 지하지 아니한 경우에 다른 연대채무자가 선의로 채권자에게 변제 기타 유상의 면책행위를
> 한 때에는 그 연대채무자는 자기의 면책행위의 유효를 주장할 수 있다.
>
> **제427조【상환무자력자의 부담부분】** ① 연대채무자 중에 상환할 자력이 없는 자가 있는 때
> 에는 그 채무자의 부담부분은 구상권자 및 다른 자력이 있는 채무자가 그 부담부분에 비례
> 하여 분담한다. 그러나 구상권자에게 과실이 있는 때에는 다른 연대채무자에 대하여 분담
> 을 청구하지 못한다.
> ② 전항의 경우에 상환할 자력이 없는 채무자의 부담부분을 분담할 다른 채무자가 채권자로
> 부터 연대의 면제를 받은 때에는 그 채무자의 분담할 부분은 채권자의 부담으로 한다.

04 채권의 양도

> **제449조【채권의 양도성】** ① 채권은 양도할 수 있다. 그러나 채권의 성질이 양도를 허용하지 아
> 니하는 때에는 그러하지 아니하다.
> ② 채권은 당사자가 반대의 의사를 표시한 경우에는 양도하지 못한다. 그러나 그 의사표시로써
> 선의의 제삼자에게 대항하지 못한다.
>
> **제450조【지명채권양도의 대항요건】** ① 지명채권의 양도는 양도인이 채무자에게 통지하거나 채
> 무자가 승낙하지 아니하면 채무자 기타 제삼자에게 대항하지 못한다.
> ② 전항의 통지나 승낙은 확정일자있는 증서에 의하지 아니하면 채무자 이외의 제삼자에게 대항
> 하지 못한다.
>
> **제451조【승낙, 통지의 효과】** ① 채무자가 이의를 보류하지 아니하고 전조의 승낙을 한 때에는
> 양도인에게 대항할 수 있는 사유로써 양수인에게 대항하지 못한다. 그러나 채무자가 채무를 소
> 멸하게 하기 위하여 양도인에게 급여한 것이 있으면 이를 회수할 수 있고 양도인에 대하여 부담
> 한 채무가 있으면 그 성립되지 아니함을 주장할 수 있다.
> ② 양도인이 양도통지만을 한 때에는 채무자는 그 통지를 받은 때까지 양도인에 대하여 생긴 사
> 유로써 양수인에게 대항할 수 있다.

제452조 【양도통지와 금반언】 ① 양도인이 채무자에게 채권양도를 통지한 때에는 아직 양도하지 아니하였거나 그 양도가 무효인 경우에도 선의인 채무자는 양수인에게 대항할 수 있는 사유로 양도인에게 대항할 수 있다.
② 전항의 통지는 양수인의 동의가 없으면 철회하지 못한다.

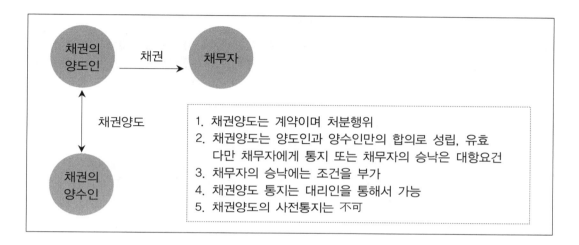

채권의 양도인 → 채권 → 채무자

채권양도

채권의 양수인

1. 채권양도는 계약이며 처분행위
2. 채권양도는 양도인과 양수인만의 합의로 성립, 유효
   다만 채무자에게 통지 또는 채무자의 승낙은 대항요건
3. 채무자의 승낙에는 조건을 부가
4. 채권양도 통지는 대리인을 통해서 가능
5. 채권양도의 사전통지는 不可

관련판례

1. 매매로 인한 소유권이전등기청구권의 양도는 특별한 사정이 없는 이상 양도가 제한되고 양도에 채무자의 승낙이나 동의를 요한다고 할 것이므로 통상의 채권양도와 달리 양도인의 채무자에 대한 통지만으로는 채무자에 대한 대항력이 생기지 않으며 반드시 채무자의 동의나 승낙을 받아야 대항력이 생긴다. 그러나 취득시효완성으로 인한 소유권이전등기청구권은 채권자와 채무자 사이에 아무런 계약관계나 신뢰관계가 없고, 그에 따라 채권자가 채무자에게 반대급부로 부담하여야 하는 의무도 없다.
   따라서 취득시효완성으로 인한 소유권이전등기청구권의 양도의 경우에는 매매로 인한 소유권이전등기청구권에 관한 양도제한의 법리가 적용되지 않는다(대판 2018.7.12, 2015다36167).
2. 전세권이 존속하는 동안은 전세권을 존속시키기로 하면서 전세금반환채권만을 전세권과 분리하여 확정적으로 양도하는 것은 허용되지 않는다(대판 2002.8.23, 2001다69122).
3. 임차권의 양도가 금지된다 하더라도 임차보증금반환채권의 양도마저 금지되는 것은 아니므로 양도인은 양수인에 대하여 그 채권의 양도에 관하여 임대인에게 통지를 하거나 그에 대한 승낙을 받아 주어야 할 의무를 부담한다(대판 1993.6.25, 93다13131).
4. 소송행위를 하게 하는 것을 주된 목적으로 하는 채권양도의 효력은 무효이다(대판 2004.3.25, 2003다20909).

5. 근로기준법 제36조 제1항에서 임금직접지급의 원칙을 규정하는 한편 동법 제109조에서 그에 위반하는 자는 처벌을 하도록 하는 규정을 두어 그 이행을 강제하고 있는 취지가 임금이 확실하게 근로자 본인의 수중에 들어가게 하여 그의 자유로운 처분에 맡기고 나아가 근로자의 생활을 보호하고자 하는데 있는 점에 비추어 보면 근로자가 그 임금채권을 양도한 경우라 할지라도 그 임금의 지급에 관하여는 같은 원칙이 적용되어 사용자는 직접 근로자에게 임금을 지급하지 아니하면 안되는 것이고 그 결과 비록 양수인이라고 할지라도 스스로 사용자에 대하여 임금의 지급을 청구할 수는 없다(대판 전합 1988.12.13, 87다카2803).

6. 주채권과 보증인에 대한 채권의 귀속주체를 달리하는 것은, 주채무자의 항변권으로 채권자에게 대항할 수 있는 보증인의 권리가 침해되는 등 보증채무의 부종성에 반하고, 주채권을 가지지 않는 자에게 보증채권만을 인정할 실익도 없기 때문에 주채권과 분리하여 보증채권만을 양도하기로 하는 약정은 그 효력이 없다(대판 2002.9.10, 2002다21509).

7. 당사자 사이에 양도금지의 특약이 있는 채권이더라도 전부명령에 의하여 전부되는 데에는 지장이 없고, 양도금지의 특약이 있는 사실에 관하여 집행채권자가 선의인가 악의인가는 전부명령의 효력에 영향을 미치지 못하는 것인바, 이와 같이 양도금지특약부 채권에 대한 전부명령이 유효한 이상, 그 전부채권자로부터 다시 그 채권을 양수한 자가 그 특약의 존재를 알았거나 중대한 과실로 알지 못하였다고 하더라도 채무자는 위 특약을 근거로 삼아 채권양도의 무효를 주장할 수 없다(대판 2003.12.11, 2001다3771).

8. 당사자 사이에 양도금지의 특약이 있는 채권이라도 압류 및 전부명령에 따라 이전될 수 있고, 양도금지의 특약이 있는 사실에 관하여 압류채권자가 선의인가 악의인가는 전부명령의 효력에 영향이 없다(대판 2002.8.27, 2001다71677).

9. 채권이 이중으로 양도된 경우의 양수인 상호간의 우열은 통지 또는 승낙에 붙여진 확정일자의 선후에 의하여 결정할 것이 아니라, 채권양도에 대한 채무자의 인식, 즉 확정일자 있는 양도통지가 채무자에게 도달한 일시 또는 확정일자 있는 승낙의 일시의 선후에 의하여 결정하여야 할 것이고, 이러한 법리는 채권양수인과 동일 채권에 대하여 가압류명령을 집행한 자 사이의 우열을 결정하는 경우에 있어서도 마찬가지이므로, 확정일자 있는 채권양도 통지와 가압류결정 정본의 제3채무자(채권양도의 경우는 채무자)에 대한 도달의 선후에 의하여 그 우열을 결정하여야 한다(대판 전합 1994.4.26, 93다24223).

10. 민법 제449조 제2항이 채권양도 금지의 특약은 선의의 제3자에게 대항할 수 없다고만 규정하고 있어서 그 문언상 제3자의 과실의 유무를 문제삼고 있지는 아니하지만, 제3자의 중대한 과실은 악의와 같이 취급되어야 하므로, 양도금지 특약의 존재를 알지 못하고 채권을 양수한 경우에 있어서 그 알지 못함에 중대한 과실이 있는 때에는 악의의 양수인과 같이 양도에 의한 채권을 취득할 수 없다고 해석하는 것이 상당하다(대판 1996.6.28, 96다18281).

05 계약의 종류와 성립

1 계약의 종류

(1) 쌍무계약 · 편무계약
① **쌍무계약**: 매매 · 교환 · 임대차 · 고용 · 도급 · 조합 · 화해 등
② **편무계약**: 증여 · 사용대차 · 현상광고 등

(2) 유상계약 · 무상계약
① **유상계약**: 매매 · 교환 · 임대차 · 고용 · 도급 · 현상광고 · 화해
② **무상계약**: 증여 · 사용대차

≫ 쌍무계약은 모두 유상계약이고 무상계약은 모두 편무계약이지만, 편무계약이 전부 무상계약인 것은 아니다.

(3) 낙성계약 · 요물계약
① **낙성계약**: 14개의 전형계약 중 현상광고를 제외한 나머지 모두
② **요물계약**: 현상광고

2 계약의 성립

(1) 청 약
① **청약의 성질과 요건**
　㉠ 상대방 있는 의사표시(계약은 법률요건이고 청약과 승낙은 법률사실)
　㉡ 불특정 · 다수인에게도 가능
　㉢ 승낙만 있으면 계약이 성립하는 확정적 의사표시
② **청약의 유인**
　㉠ 타인을 꾀어내어 자기에게 청약을 하게 하려는 행위를 말한다. 상품목록 배부, 셋방광고, 구인광고, 열차시간표의 게시 등이 청약의 유인에 해당한다.
　㉡ 자동판매기의 설치, 정찰가격 붙은 백화점의 상품진열 등은 청약에 해당한다.
③ **청약의 효력발생**: 도달주의(제111조)
④ **청약의 구속력**(비철회성): 계약의 청약은 이를 철회하지 못한다.

(2) 승 낙

① 승낙은 반드시 특정인에게 하여야 한다.

② **조건을 붙이거나 변경을 가한 승낙**: 청약의 거절과 동시에 새로운 청약으로 본다.

③ **연착된 승낙의 효력**

　㉠ 통상적인 연착: 승낙 ×, 다만 청약자가 이를 새 청약으로 볼 수 있다(제530조).

　㉡ 사고에 의한 연착: 보통 그 기간 내에 도달할 수 있는 발송인 때에는 청약자가 지체 없이 연착통지를 하지 않은 경우에는 계약은 성립한다(제528조). 그러나 그 도달 전에 지연의 통지를 발송한 때에는 다시 연착사실을 통지할 필요는 없다.

3 계약의 성립에 관한 중요조문

제527조 【계약의 청약의 구속력】 계약의 청약은 이를 철회하지 못한다.

제528조 【승낙기간을 정한 계약의 청약】 ① 승낙의 기간을 정한 계약의 청약은 청약자가 그 기간 내에 승낙의 통지를 받지 못한 때에는 그 효력을 잃는다.

② 승낙의 통지가 전항의 기간 후에 도달한 경우에 보통 그 기간 내에 도달할 수 있는 발송인 때에는 청약자는 지체 없이 상대방에게 그 연착의 통지를 하여야 한다. 그러나 그 도달 전에 지연의 통지를 발송한 때에는 그러하지 아니하다.

③ 청약자가 전항의 통지를 하지 아니한 때에는 승낙의 통지는 연착되지 아니한 것으로 본다.

제529조 【승낙기간을 정하지 아니한 계약의 청약】 승낙의 기간을 정하지 아니한 계약의 청약은 청약자가 상당한 기간 내에 승낙의 통지를 받지 못한 때에는 그 효력을 잃는다.

제530조 【연착된 승낙의 효력】 전2조의 경우에 연착된 승낙은 청약자가 이를 새 청약으로 볼 수 있다.

제531조 【격지자 간의 계약 성립시기】 격지자 간의 계약은 승낙의 통지를 발송한 때에 성립한다.

제532조 【의사실현에 의한 계약 성립】 청약자의 의사표시나 관습에 의하여 승낙의 통지가 필요하지 아니한 경우에는 계약은 승낙의 의사표시로 인정되는 사실이 있는 때에 성립한다.

제533조 【교차청약】 당사자 간에 동일한 내용의 청약이 상호교차된 경우에는 양 청약이 상대방에게 도달한 때에 계약이 성립한다.

06 제3자를 위한 계약

> **제539조【제삼자를 위한 계약】** ① 계약에 의하여 당사자 일방이 제삼자에게 이행할 것을 약정한 때에는 그 제삼자는 채무자에게 직접 그 이행을 청구할 수 있다.
> ② 전항의 경우에 제삼자의 권리는 그 제삼자가 채무자에 대하여 계약의 이익을 받을 의사를 표시한 때에 생긴다.
>
> **제540조【채무자의 제삼자에 대한 최고권】** 전조의 경우에 채무자는 상당한 기간을 정하여 계약의 이익의 향수여부의 확답을 제삼자에게 최고할 수 있다. 채무자가 그 기간 내에 확답을 받지 못한 때에는 제삼자가 계약의 이익을 받을 것을 거절한 것으로 본다.
>
> **제541조【제삼자의 권리의 확정】** 제539조의 규정에 의하여 제삼자의 권리가 생긴 후에는 당사자는 이를 변경 또는 소멸시키지 못한다.
>
> **제542조【채무자의 항변권】** 채무자는 제539조의 계약에 기한 항변으로 그 계약의 이익을 받을 제삼자에게 대항할 수 있다.

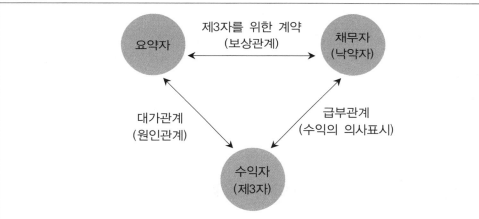

1. 제3자를 위한 계약의 무효는 급부관계에 영향을 미친다.
2. 대가관계 또는 원인관계의 무효는 급부관계에 영향을 미치지 아니한다.
3. 제3자는 제3자를 위한 계약의 당사자가 아니다.

관련판례

1. 계약의 당사자가 제3자에 대하여 가진 채권에 관하여 그 채무를 면제하는 계약도 제3자를 위한 계약에 준하는 것으로서 유효하다(대판 2004.9.3, 2002다37405).

2. 제3자의 수익의 의사표시는 그 계약의 성립요건이나 효력발생요건이 아니라 채권을 취득하기 위한 요건이다(대판 2013.9.13, 2011다56033).

3. 제3자를 위한 계약의 체결 원인이 된 요약자와 제3자(수익자) 사이의 법률관계(이른바 대가관계)의 효력은 제3자를 위한 계약 자체는 물론 그에 기한 요약자와 낙약자 사이의 법률관계(이른바 기본관계)의 성립이나 효력에 영향을 미치지 아니하므로 낙약자는 요약자와 수익자 사이의 법률관계에 기한 항변으로 수익자에게 대항하지 못하고, 요약자도 대가관계의 부존재나 효력의 상실을 이유로 자신이 기본관계에 기하여 낙약자에게 부담하는 채무의 이행을 거부할 수 없다(대판 2003.12.11, 2003다49771).

4. 제3자를 위한 유상·쌍무계약의 경우 요약자는 낙약자의 채무불이행을 이유로 제3자의 동의 없이 계약을 해제할 수 있다(대판 1970.2.24, 69다1410).

5. 계약의 당사자가 아닌 수익자는 계약의 해제권이나 해제를 원인으로 한 원상회복청구권은 없다(대판 1994.8.12, 92다41559).

6. 제3자를 위한 계약관계에서 낙약자와 요약자 사이의 법률관계(이른바 기본관계)를 이루는 계약이 무효이거나 해제된 경우 그 계약관계의 청산은 계약의 당사자인 낙약자와 요약자 사이에 이루어져야 하므로, 특별한 사정이 없는 한 낙약자가 이미 제3자에게 급부한 것이 있더라도 낙약자는 계약해제 등에 기한 원상회복 또는 부당이득을 원인으로 제3자를 상대로 그 반환을 구할 수 없다(대판 2010.8.19, 2010다31860).

7. 제3자를 위한 계약에 있어서 수익의 의사표시를 한 수익자는 낙약자에게 직접 그 이행을 청구할 수 있을 뿐만 아니라 요약자가 계약을 해제한 경우에는 낙약자에게 자기가 입은 손해의 배상을 청구할 수 있다(대판 1994.8.12, 92다41559).

07 채무불이행에 의한 계약의 해제

1 계약해제의 일반적 효과

(1) 계약이 해제되면 계약은 소급해서 소멸하므로 미이행한 경우에는 이행할 필요가 없고, 이행한 경우 원상회복(제548조)을 하여야 한다. 또한 채무불이행으로 인한 해제이므로 손해가 있으면 그 배상책임(제551조)을 진다.

(2) 일방당사자의 계약 위반을 이유로 계약이 해제된 경우, 계약을 위반한 당사자도 당해 계약이 해제로 소멸되었음을 들어 그 이행을 거절할 수 있다.

2 해제의 소급효

(1) 해제로 물권의 당연복귀 여부

채권적 효과설 (당연복귀 ×)	무인성(통설), 제186조 적용, 채권적 청구권	제3자 보호규정(제548조 제1항 단서) ⇨ 주의규정
물권적 효과설 (당연복귀 ○)	유인성(판례), 제187조 적용, 물권적 청구권	제3자 보호규정(제548조 제1항 단서) ⇨ 필요규정

(2) 제3자 보호(제548조 제1항 단서)

> **제548조【해제의 효과, 원상회복의무】** ① 당사자 일방이 계약을 해제한 때에는 각 당사자는 그 상대방에 대하여 원상회복의 의무가 있다. 그러나 제3자의 권리를 해하지 못한다.
> ② 전항의 경우에 반환할 금전에는 그 받은 날로부터 이자를 가하여야 한다.

① 여기서 제3자란 등기·인도 등으로 완전한 권리를 취득한 자를 말한다.

② 제3자는 원칙적으로 해제의 의사표시가 있기 이전에 새로운 이해관계를 맺은 자를 의미하지만, 판례는 해제의 의사표시가 있은 후 그 해제에 기한 말소등기가 있기 이전에 법률관계를 맺은 선의의 제3자도 포함한다.

③ 제3자의 선의는 추정되므로 제3자의 악의의 입증책임은 계약해제를 주장하는 자에게 있다.

관련판례

1. 해제에 의하여 소멸하는 계약상의 채권을 양수한 자나 그 채권 자체를 압류 또는 전부한 채권자는 여기서 말하는 제3자에 해당하지 아니한다. 즉, 아파트분양신청권이 전전매매된 후 최초의 매매당사자가 계약을 합의해제한 경우, 그 분양신청권을 전전매수한 자는 완전한 권리를 취득한 자라 할 수 없으므로 제3자에 해당하지 않는다(대판 1996.4.12, 95다49882).

2. 매도인으로부터 매매계약의 해제를 해제조건부로 전세권한을 부여받은 매수인이 주택을 임대한 후 매도인과 매수인 사이의 매매계약이 해제되었다면, 임차인은 매도인의 명도청구에 대항할 수 없게 된다. 이는 임차인이 주택임대차보호법상의 대항요건을 구비하였거나 전세계약서에 확정일자를 부여받았다고 하더라도 마찬가지이다(대판 1995.12.12, 95다32037).

3 원상회복의무(제548조)

(1) 의 의

원상회복의무는 실질적으로는 부당이득반환의 성질을 가지지만 제548조의 원상회복의무는 부당이득(제741조)의 특칙으로 본다.

(2) 원물반환

① **특정물인 경우**: 그 물건을 반환해야 한다.

② **종류물인 경우**: 동종·동질·동량의 물건을 반환해야 한다.

③ **금전의 경우**: 받은 날로부터 반환할 때까지의 이자를 가산하여 반환해야 한다(제548조).

  ㉠ 이때의 이자는 원상회복의 범위에 속하는 것으로서 일종의 부당이득반환의 성질을 가지는 것이지 반환의무의 이행지체로 인한 것은 아니다.

  ㉡ ㉠의 경우는 약정된 해제권을 행사하는 경우에도 적용된다.

④ **노무 기타 무형적 가치의 경우**: 급부 당시(반환 당시 ×)의 객관적 가격으로 환산하여 반환해야 한다.

⑤ 이익현존 여부나 선의·악의에 불문하고 받은 급부를 전부 반환해야 한다. 반환범위에는 과실은 물론 목적물을 사용한 경우의 사용이익도 반환해야 한다(제548조).

(3) 가액반환

① 원물이 채무자의 귀책사유로 멸실·훼손된 경우, 예외적으로 가액반환을 인정한다.

② 책임 없는 사유로 멸실된 경우에는 가액반환하지 않아도 된다.

(4) 원상회복의 당사자

급부가 제3자에게 이루어졌더라도 계약의 당사자에게 청구하여야 한다.

08 합의해제

1 합의해제의 의의

(1) 계약의 합의해제 또는 해제계약은 해제권의 유무를 불문하고 계약당사자 쌍방이 합의에 의하여 기존 계약의 효력을 소멸시켜 당초부터 계약이 체결되지 않았던 것과 같은 상태로 복귀시킬 것을 내용으로 하는 새로운 계약이다.

(2) 계약이 합의해제되기 위하여는 계약의 성립과 마찬가지로 계약의 청약과 승낙이라는 서로 대립하는 의사표시가 합치될 것(합의)을 요건으로 하는바, 이와 같은 합의가 성립하기 위하여는 쌍방당사자의 표시행위에 나타난 의사의 내용이 객관적으로 일치하여야 한다.

(3) 그리고 계약의 합의해제는 명시적으로뿐만 아니라 당사자 쌍방의 묵시적인 합의에 의하여도 할 수 있으나, 묵시적인 합의해제를 한 것으로 인정되려면 계약이 체결되어 그 일부가 이행된 상태에서 당사자 쌍방이 장기간에 걸쳐 나머지 의무를 이행하지 아니함으로써 이를 방치한 것만으로는 부족하고, 당사자 쌍방에게 계약을 실현할 의사가 없거나 계약을 포기할 의사가 있다고 볼 수 있을 정도에 이르러야 한다.

(4) 매도인이 잔대금 지급기일 경과 후 계약해제를 주장하여 이미 지급받은 계약금과 중도금을 반환하는 공탁을 하였을 때, 매수인이 아무런 이의 없이 그 공탁금을 수령하였다면 위 매매계약은 특단의 사정이 없는 한 합의해제되었다.

(5) 계약의 합의해제에 있어서는 쌍방의 자기 채무의 이행제공이 없이도 합의에 의하여 해제를 할 수 있음은 계약자유의 원칙상 당연하다.

2 합의해제의 효과

(1) 계약이 합의해제된 경우에는 그 해제시에 당사자 일방이 상대방에게 손해배상을 하기로 특약하거나 손해배상청구를 유보하는 의사표시를 하는 등 다른 사정이 없는 한 채무불이행으로 인한 손해배상을 청구할 수 없다.

(2) 합의해제의 효력은 그 합의의 내용에 의하여 결정되고 여기에는 해제에 관한 민법 제548조 제2항의 규정은 적용되지 아니하므로, 당사자 사이에 약정이 없는 이상 합의해제로 인하여 반환할 금전에 그 받은 날로부터의 이자를 가하여야 할 의무가 있는 것은 아니다.

(3) 계약의 합의해제에 있어서도 민법 제548조의 계약해제의 경우와 같이 이로써 제3자의 권리를 해할 수 없다.

(4) 매매계약이 합의해제된 경우에도 매수인에게 이전되었던 소유권은 당연히 매도인에게 복귀하는 것이므로 합의해제에 따른 매도인의 원상회복청구권은 소유권에 기한 물권적 청구권이라고 할 것이고 이는 소멸시효의 대상이 되지 아니한다.

(5) 계약을 합의해제할 때에 원상회복에 관한 약정을 하는 것이 일반적이지만, 원상회복에 관하여 반드시 약정을 하여야 하는 것은 아니다.

09 계약금

> **제565조【해약금】** ① 매매의 당사자 일방이 계약당시에 금전 기타 물건을 계약금, 보증금등의 명목으로 상대방에게 교부한 때에는 당사자간에 다른 약정이 없는 한 당사자의 일방이 이행에 착수할 때까지 교부자는 이를 포기하고 수령자는 그 배액을 상환하여 매매계약을 해제할 수 있다. ② 제551조의 규정은 전항의 경우에 이를 적용하지 아니한다.

1 계약금 계약

(1) 계약금은 매매계약의 종된계약이다. 즉 매매계약은 계약금계약의 주된 계약이다.

(2) 매매계약인 주된 계약이 실효되면 종된 계약인 계약금계약도 실효된다.

(3) 계약금계약은 주된 계약(매매계약, 임대차계약 등)과 반드시 동시에 행하여질 필요는 없다.

(4) 매매계약은 낙성계약이지만, 계약금계약은 요물계약이다.

(5) 계약금계약은 금전 기타 유가물의 교부를 요건으로 하므로 단지 계약금을 지급하기로 약정만 한 단계에서는 아직 계약금으로서의 효력, 즉 위 민법 규정에 의해 계약해제를 할 수 있는 권리는 발생하지 않는다고 할 것이다. 따라서 당사자가 계약금의 일부만을 먼저 지급하고 잔액은 나중에 지급하기로 약정하거나 계약금 전부를 나중에 지급하기로 약정한 경우, 교부자가 계약금의 잔금이나 전부를 약정대로 지급하지 않으면 상대방은 계약금 지급의무의 이행을 청구하거나 채무불이행을 이유로 계약금약정을 해제할 수 있고, 나아가 위 약정이 없었더라면 주계약을 체결하지 않았을 것이라는 사정이 인정된다면 주계약도 해제할 수도 있을 것이나, 교부자가 계약금의 잔금 또는 전부를 지급하지 아니하는 한 계약금계약은 성립하지 아니하므로 당사자가 임의로 주계약을 해제할 수는 없다.

2 계약금의 법적 성질

(1) 계약금은 증약금(證約金)의 성질을 가진다.

(2) 계약금은 특별한 사정이 없는 한 해약금으로 추정된다.

(3) 계약금은 위약금으로 한다는 약정이 있으면 위약금의 성질을 가지지만, 별도의 약정이 없으면 위약금의 성질이 없다.

   유상계약을 체결함에 있어서 계약금이 수수된 경우 계약금은 해약금의 성질을 가지고 있어서, 이를 위약금으로 하기로 하는 특약이 없는 이상 계약이 당사자 일방의 귀책사유로 인하여 해제되었다 하더라도 상대방은 계약불이행으로 입은 실제 손해만을 배상받을 수 있을 뿐 계약금이 위약금으로서 상대방에게 당연히 귀속되는 것은 아니다.

3 계약금은 해약금의 추정

(1) 이행의 착수 후에는 계약금에 의한 해제할 수 없다. 즉 매수인이 중도금을 지급한 후에는 계약금에 의한 해제할 수 없다.

(2) "이행의 착수"란 중도금 지급 또는 잔금을 준비하고 등기소 동행을 촉구하는 것을 말하는 것으로, 단순히 이행의 준비만으로는 부족하나 반드시 계약내용에 들어맞는 이행의 제공에 정도까지 이르어야 하는 것은 아니다.

(3) 토지거래허가구역 내의 토지에 대한 매매계약에서 관할관청의 허가를 받았다고 하더라도 이행의 착수에 있다고 볼 수 없어 매도인으로서는 계약금의 배액을 상환하고 해제할 수 있다.

(4) 매도인이 매수인에게 매매잔대금의 지급을 구하는 소송을 제기한 것만으로 이행의 착수로 볼 수 없어 계약금에 의한 해제할 수 있다.

(5) 토지거래허가구역 내에서 유동적 무효상태의 허가 전의 매매계약은 채무불이행에 의한 해제는 할 수 없더라도, 계약금에 의한 해제는 할 수 있다.

(6) 교부자(매수인)의 계약금에 의한 해제는 계약금을 포기하고 해제의 의사표시를 하면 된다.

(7) 수령자(매도인)의 계약금의 배액상환에 의한 해제는 현실적으로 배액을 상환하거나 배액의 이행제공이 있어야만 해제할 수 있다. 여기서 상대방이 이를 수령하지 않는다고 하더라도 공탁할 필요는 없다.

(8) 해약금의 기준이 되는 금원은 '실제 교부받은 계약금'이 아니라 '약정 계약금'이라고

봄이 타당하므로, 매도인이 계약금의 일부로서 지급받은 금원의 배액을 상환하는 것으로는 매매계약을 해제할 수 없다.

4 해약금에 의한 해제의 효과

(1) 해약금에 의한 해제도 소급적으로 무효가 된다.

(2) 해약금에 의한 해제의 경우 손해배상을 청구할 수 없다.

(3) 이행전의 문제이므로 원상회복의 문제가 발생하지 않는다.

(4) 해약금에 관한 규정은 임의규정이므로 해약금에 의한 해제권을 배제하는 약정이 있으면 해약금에 의한 해제할 수 없다.

10 매매의 일반

1 매매의 의의

(1) 매매계약은 낙성 · 불요식 · 쌍무 · 유상계약이다.

(2) 매매는 재산권 이전을 목적으로 하는 계약이다. 따라서 지상권, 전세권 등도 매매의 대상이 될 수 있고, 타인의 권리 또는 물건도 목적이 될 수 있다.

(3) 매매계약에 관한 규정(해약금, 담보책임의 규정 등)은 다른 유상계약(임대차 등)에도 적용된다.

2 매매의 예약

> 제564조【매매의 일방예약】① 매매의 일방예약은 상대방이 매매를 완결할 의사를 표시하는 때에 매매의 효력이 생긴다.
> ② 전항의 의사표시의 기간을 정하지 아니한 때에는 예약자는 상당한 기간을 정하여 매매완결여부의 확답을 상대방에게 최고할 수 있다.
> ③ 예약자가 전항의 기간내에 확답을 받지 못한 때에는 예약은 그 효력을 잃는다.

(1) 매매예약은 언제나 채권계약이다.

(2) 매매의 예약완결권

① 매매의 예약완결권은 형성권에 속한다.

② 예약완결권도 재산권이므로 양도할 수 있고, 상속도 인정된다.

③ 예약완결권을 양도한 경우, 예약완결권도 가등기할 수 있다. 예약완결권이 가등기된 후 목적물이 양도된 경우 목적물의 양수인이 아니라 목적물의 양도인(＝예약상의무자)를 상대로 예약완결권을 행사하여야 한다.

④ 매매예약의 완결권은 일종의 형성권으로서 당사자 사이에 행사기간을 약정한 때에는 그 기간 내에, 약정이 없는 때에는 예약이 성립한 때부터 10년 내에 이를 행사하여야 하고, 그 기간이 지난 때에는 예약완결권은 제척기간의 경과로 소멸한다.

⑤ 예약완결권의 행사기간 경과여부는 당사자의 주장이 없더라도 법원에서 직권으로 조사한다.

3 매매계약 비용의 부담

> **제566조 【매매계약의 비용의 부담】** 매매계약에 관한 비용은 당사자 쌍방이 균분하여 부담한다.

(1) 매매계약에 관한 비용(매매목적물의 측량비용, 평가비용, 계약체결비용 등)은 당사자 쌍방이 균분하여 부담한다.

(2) 민법 매매계약의 비용의 부담에 관한 규정은 임의규정이므로, 당사자 일방이 매매비용 전부를 부담한다는 약정은 유효하다.

4 과실의 귀속 등

> **제587조 【과실의 귀속, 대금의 이자】** 매매계약있은 후에도 인도하지 아니한 목적물로부터 생긴 과실은 매도인에게 속한다. 매수인은 목적물의 인도를 받은 날로부터 대금의 이자를 지급하여야 한다. 그러나 대금의 지급에 대하여 기한이 있는 때에는 그러하지 아니하다.

(1) 매매매약 후 목적물 인도 전 – 매도인이 과실 수취

(2) 매매계약 후 목적물 인도 후 – 매수인이 과실 수취

(3) 다만 목적물 인도 전이라도 매수인이 매매대금 완납 – 매수인 과실수취

(4) 매수인이 대금을 완납하지 않는 한 매도인의 이행지체가 있거나 매수인 앞으로 이전등기가 경료되더라도 목적물 인도 전이라면 매매목적물의 과실은 매도인에게 속한다.

(5) 매수인은 목적물의 인도를 받을 날로부터 대금의 이자를 지급하여야 한다. 다만 대금의 지급기한이 있는 때에는 대금의 이자를 지급하지 않아도 된다.

(6) 매수인은 대금의 지급기한이 지났더라도 목적물의 인도를 받지 않는 한 동시이행의 항변권이 있으므로 이자를 지급할 의무가 없다.

(7) 매수인이 대금지급을 거절할 정당한 사유가 있는 경우에는 목적물을 인도받았더라도 이자를 지급할 의무가 없다.

5 동일기한의 추정 등

제585조 【동일기한의 추정】 매매의 당사자 일방에 대한 의무이행의 기한이 있는 때에는 상대방의 의무이행에 대하여도 동일한 기한이 있는 것으로 추정한다.

제586조 【대금지급장소】 매매의 목적물의 인도와 동시에 대금을 지급할 경우에는 그 인도장소에서 이를 지급하여야 한다.

제588조 【권리주장자가 있는 경우와 대금지급거절권】 매매의 목적물에 대하여 권리를 주장하는 자가 있는 경우에 매수인이 매수한 권리의 전부나 일부를 잃을 염려가 있는 때에는 매수인은 그 위험의 한도에서 대금의 전부나 일부의 지급을 거절할 수 있다. 그러나 매도인이 상당한 담보를 제공한 때에는 그러하지 아니하다.

제589조 【대금공탁청구권】 전조의 경우에 매도인은 매수인에 대하여 대금의 공탁을 청구할 수 있다.

11 매매의 담보책임

1 매도인의 담보책임의 법적 성질

(1) 매도인의 담보책임은 무과실책임이므로, 매도인의 고의 또는 과실(귀책사유)를 요하지 아니한다.

(2) 매도인의 하자담보책임은 법이 특별히 인정한 무과실책임으로서 여기에 민법 제396 조의 과실상계 규정이 준용될 수는 없다 하더라도, 담보책임이 민법의 지도이념인 공평의 원칙에 입각한 것인 이상 하자 발생 및 그 확대에 가공한 매수인의 잘못을 참작하여 손해배상의 범위를 정함이 상당하다.

(3) 담보책임에 관한 규정은 임의규정이므로 당사자 사이의 담보책임면제특약은 유효하다. 그러나 매도인이 알면서 고지하지 않는 하자에 대해서는 그 책임을 면하지 못한다.

(4) 담보책임은 매매계약이 유효한 경우에만 인정된다. 계약자체가 무효인 경우에는 담보책임이 인정되지 않는다.

(5) 담보책임의 규정은 매매뿐만 아니라 임대차와 같은 유상계약에도 준용된다.

(6) 매도인의 귀책사유로 인한 이행하지 못한 경우에는 담보책임과 채무불이행책임이 경합한다. 따라서 매수인은 담보책임과 채무불이행책임을 선택적으로 행사할 수 있다.

2 담보책임의 내용

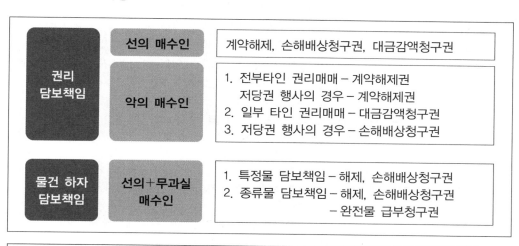

1. 경매의 경우 — 권리담보책임 적용, 물건의 담보책임 적용 ×
2. 유효한 경매에서만 담보책임이 발생. 무효인 경매의 경우에는 담보책임 적용 ×
3. 법률적 제한 또는 장애는 권리의 하자가 아니라 물건의 하자이다.
4. 권리담보책임의 내용 — 해제, 손해배상청구권, 대금감액청구권
5. 하자담보책임의 내용 — 해제, 손해배상청구권, 완전물급부청구권

3 매도인의 담보책임 규정

제569조 【타인의 권리의 매매】 매매의 목적이 된 권리가 타인에게 속한 경우에는 매도인은 그 권리를 취득하여 매수인에게 이전하여야 한다.

제570조 【동전 - 매도인의 담보책임】 전조의 경우에 매도인이 그 권리를 취득하여 매수인에게 이전할 수 없는 때에는 매수인은 계약을 해제할 수 있다. 그러나 매수인이 계약 당시 그 권리가 매도인에게 속하지 아니함을 안 때에는 손해배상을 청구하지 못한다.

제571조 【동전 - 선의의 매도인의 담보책임】 ① 매도인이 계약 당시에 매매의 목적이 된 권리가 자기에게 속하지 아니함을 알지 못한 경우에 그 권리를 취득하여 매수인에게 이전할 수 없는 때에는 매도인은 손해를 배상하고 계약을 해제할 수 있다.
② 전항의 경우에 매수인이 계약 당시 그 권리가 매도인에게 속하지 아니함을 안 때에는 매도인은 매수인에 대하여 그 권리를 이전할 수 없음을 통지하고 계약을 해제할 수 있다.

제572조 【권리의 일부가 타인에게 속한 경우와 매도인의 담보책임】 ① 매매의 목적이 된 권리의 일부가 타인에게 속함으로 인하여 매도인이 그 권리를 취득하여 매수인에게 이전할 수 없는 때에는 매수인은 그 부분의 비율로 대금의 감액을 청구할 수 있다.
② 전항의 경우에 잔존한 부분만이면 매수인이 이를 매수하지 아니하였을 때에는 선의의 매수인은 계약 전부를 해제할 수 있다.
③ 선의의 매수인은 감액청구 또는 계약해제 외에 손해배상을 청구할 수 있다.

제573조 【전조의 권리행사의 기간】 전조의 권리는 매수인이 선의인 경우에는 사실을 안 날로부터, 악의인 경우에는 계약한 날로부터 1년 내에 행사하여야 한다.

제574조 【수량부족, 일부멸실의 경우와 매도인의 담보책임】 전2조의 규정은 수량을 지정한 매매의 목적물이 부족되는 경우와 매매목적물의 일부가 계약 당시에 이미 멸실된 경우에 매수인이 그 부족 또는 멸실을 알지 못한 때에 준용한다.

제575조 【제한물권 있는 경우와 매도인의 담보책임】 ① 매매의 목적물이 지상권, 지역권, 전세권, 질권 또는 유치권의 목적이 된 경우에 매수인이 이를 알지 못한 때에는 이로 인하여 계약의 목적을 달성할 수 없는 경우에 한하여 매수인은 계약을 해제할 수 있다. 기타의 경우에는 손해배상만을 청구할 수 있다.
② 전항의 규정은 매매의 목적이 된 부동산을 위하여 존재할 지역권이 없거나 그 부동산에 등기된 임대차계약이 있는 경우에 준용한다.
③ 전2항의 권리는 매수인이 그 사실을 안 날로부터 1년 내에 행사하여야 한다.

제576조 【저당권, 전세권의 행사와 매도인의 담보책임】 ① 매매의 목적이 된 부동산에 설정된 저당권 또는 전세권의 행사로 인하여 매수인이 그 소유권을 취득할 수 없거나 취득한 소유권을 잃은 때에는 매수인은 계약을 해제할 수 있다.
② 전항의 경우에 매수인의 출재로 그 소유권을 보존한 때에는 매도인에 대하여 그 상환을 청구할 수 있다.
③ 전2항의 경우에 매수인이 손해를 받은 때에는 그 배상을 청구할 수 있다.

제577조【저당권의 목적이 된 지상권, 전세권의 매매와 매도인의 담보책임】 전조의 규정은 저당권의 목적이 된 지상권 또는 전세권이 매매의 목적이 된 경우에 준용한다.

제578조【경매와 매도인의 담보책임】 ① 경매의 경우에는 경락인은 전 8조의 규정에 의하여 채무자에게 계약의 해제 또는 대금감액의 청구를 할 수 있다.

② 전항의 경우에 채무자가 자력이 없는 때에는 경락인은 대금의 배당을 받은 채권자에 대하여 그 대금 전부나 일부의 반환을 청구할 수 있다.

③ 전 2항의 경우에 채무자가 물건 또는 권리의 흠결을 알고 고지하지 아니하거나 채권자가 이를 알고 경매를 청구한 때에는 경락인은 그 흠결을 안 채무자나 채권자에 대하여 손해배상을 청구할 수 있다.

제579조【채권매매와 매도인의 담보책임】 ① 채권의 매도인이 채무자의 자력을 담보한 때에는 매매계약 당시의 자력을 담보한 것으로 추정한다.

② 변제기에 도달하지 아니한 채권의 매도인이 채무자의 자력을 담보한 때에는 변제기의 자력을 담보한 것으로 추정한다.

제580조【매도인의 하자담보책임】 ① 매매의 목적물에 하자가 있는 때에는 제575조 제1항의 규정을 준용한다. 그러나 매수인이 하자 있는 것을 알았거나 과실로 인하여 이를 알지 못한 때에는 그러하지 아니하다.

② 전항의 규정은 경매의 경우에 적용하지 아니한다.

제581조【종류매매와 매도인의 담보책임】 ① 매매의 목적물을 종류로 지정한 경우에도 그 후 특정된 목적물에 하자가 있는 때에는 전조의 규정을 준용한다.

② 전항의 경우에 매수인은 계약의 해제 또는 손해배상의 청구를 하지 아니하고 하자 없는 물건을 청구할 수 있다.

제582조【전2조의 권리행사기간】 전2조에 의한 권리는 매수인이 그 사실을 안 날로부터 6월 내에 행사하여야 한다.

제583조【담보책임과 동시이행】 제536조의 규정은 제572조 내지 제575조, 제580조 및 제581조의 경우에 준용한다.

제584조【담보책임면제의 특약】 매도인은 전 15조에 의한 담보책임을 면하는 특약을 한 경우에도 매도인이 알고 고지하지 아니한 사실 및 제3자에게 권리를 설정 또는 양도한 행위에 대하여는 책임을 면하지 못한다.

12 임차인의 부속물매수청구권과 지상물매수청구권

1 임차인의 부속물매수청구권

> **제646조【임차인의 부속물매수청구권】** ① 건물 기타 공작물의 임차인이 그 사용의 편익을 위하여 임대인의 동의를 얻어 이에 부속한 물건이 있는 때에는 임대차의 종료시에 임대인에 대하여 그 부속물의 매수를 청구할 수 있다.
> ② 임대인으로부터 매수한 부속물에 대하여도 전항과 같다.

(1) 부속물

① 부속물이란 건물에 부속된 물건으로서 임차인의 소유에 속하고 건물의 구성부분으로는 되지 아니한 것으로서 건물의 사용에 객관적인 편익을 가져오게 하는 물건을 말한다.

② 부속된 물건이 오로지 임차인의 특수목적에 사용하기 위하여 부속된 것일 때에는 이에 해당하지 않는다. 예컨대, 주방시설, 입간판 등의 부속물 등은 해당하지 않는다.

(2) 부속물매수청구권의 행사요건

① 임대인의 동의를 얻어 부속시킨 것이나 임대인으로부터 매수한 것이어야 한다.

② 부속물은 건물의 구성부분이 아니라 건물과는 독립된 별개의 물건이어야 한다. 건물의 구성부분을 이루는 경우에는 부속물매수청구권을 행사할 수 없고 비용상환청구권을 행사하여야 한다.

(3) 부속물매수청구권의 행사시기

① 부속물매수청구권은 임대차가 종료한 때 행사할 수 있다. 기간의 만료, 해지 등 어느 경우이든 가능하다.

② 임차인의 채무불이행으로 인하여 임대차계약이 해지된 경우에는 부속물매수청구권이 인정되지 않는다.

(4) 부속물매수청구권의 행사효과

① 부속물매수청구권은 형성권으로서 임대인에 대한 일방적 의사표시로써 효력이 발생한다. 구두·서면 등 행사방법에는 아무런 제한이 없다.

② 부속물매수청구권에 관한 제646조의 규정은 강행규정이므로 임차인에게 불리한 특약은 효력이 없다. 다만, 일시사용을 위한 임대차에는 제646조가 적용되지 않는다 (제653조).

③ 부속물매수청구권이 인정되는 경우에도 임차인은 임대인에게 임차목적물에 대한 유치권을 주장할 수는 없다.

2 지상물매수청구권

> **제643조 【임차인의 갱신청구권, 매수청구권】** 건물 기타 공작물의 소유 또는 식목, 채염, 목축을 목적으로 한 토지임대차의 기간이 만료한 경우에 건물, 수목 기타 지상시설이 현존한 때에는 제283조의 규정을 준용한다.

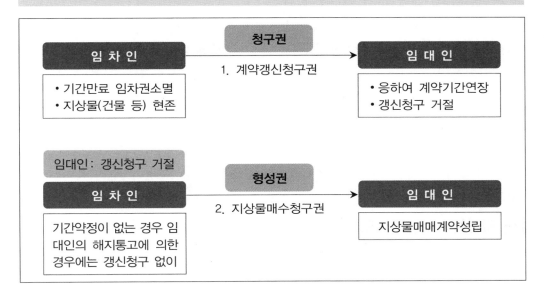

3 지상물매수청구권 행사의 요건

(1) 임차인의 차임연체 등 채무불이행으로 임대차 해지된 경우에서는 임차인의 계약갱신청구권 또는 지상물매수청구권은 인정되지 않는다.

(2) 기간 약정이 없는 임대차에서 임대인의 해지통고에 의한 경우에는 계약갱신청구권을 행사하지 않더라도 지상물매수청구권을 행사할 수 있다.

(3) 지상물은 행정관청의 허가를 받지 않은 무허가건물이라도 지상물매수청구권을 행사할 수 있다.

(4) 지상건물이 객관적으로 경제적 가치가 있는지 여부나 임대인에게 소용이 있는지 여부는 그 행사요건이 아니다.

(5) 지상물은 반드시 임대차계약 당시의 기존건물이거나 임대인의 동의를 얻어 신축한 것에 한정된다고 할 수 없다.

(6) 지상물(건물)에 근저당권이 설정되어 있는 경우에도 지상물매수청구권을 행사할 수 있다. 이 경우 그 건물의 매수가격은 건물 자체의 가격 외에 건물의 위치, 주변 토지의 여러 사정 등을 종합적으로 고려하여 매수청구권 행사 당시 건물이 현존하는 대로의 상태에서 평가된 시가 상당액을 의미하고, 여기에서 근저당권의 채권최고액이나 피담보채무액을 공제한 금액을 매수가격으로 정할 것은 아니다. 다만, 매수청구권을 행사한 지상건물 소유자가 위와 같은 근저당권을 말소하지 않는 경우 토지소유자는 민법 제588조에 의하여 위 근저당권의 말소등기가 될 때까지 그 채권최고액에 상당한 대금의 지급을 거절할 수 있다.

(7) 건물 소유를 목적으로 하는 토지임대차에 있어서 임차인 소유 건물의 임대인이 임대한 토지 외에 임차인 또는 제3자 소유의 토지 위에 걸쳐서 건립되어 있는 경우에는 임차지상에 서 있는 건물부분 중 구분소유의 객체가 될 수 있는 부분에 한하여 임차인에게 매수청구권이 인정된다.

(8) 임대차 종료함에 따라 건물매수청구권을 행사하지 않고 있는 동안에 토지임대인의 토인도청구소송에서 임차인이 패소하더라도 확정판결에 의하여 건물철거가 집행되지 않은 이상 임차인은 건물매수청구권을 행사할 수 있다.

4 지상물매수청구권의 효과

(1) 지상물매수청구권은 형성권에 속하므로, 임대인과 임차인 사이에 지상물에 대한 매매가 성립한다.

(2) 민법 제643조 소정의 지상물매수청구권이 행사되면 임대인과 임차인 사이에서는 임차지상의 건물에 대하여 매수청구권 행사 당시의 건물시가를 대금으로 하는 매매계약이 체결된 것과 같은 효과가 발생하는 것이지, 임대인이 기존 건물의 철거비용을 포함하여 임차인이 임차지상의 건물을 신축하기 위하여 지출한 모든 비용을 보상할 의무를 부담하게 되는 것은 아니다.

(3) 임차인이 자신의 특수한 용도나 사업을 위하여 설치한 물건이나 시설은 지상물매수청구권을 행사할 수 없다.

(4) 지상물매수청구권을 행사하여 지상물에 대한 매매가 성립하면 임차인의 건물인도 및 소유권이전등기의무와 임대인의 건물대금지급의무는 동시이행의 관계에 있다. 다만, 지상건물 등의 점유·사용을 통하여 그 부지를 계속하여 점유·사용하는 한 그로 인한 부당이득으로서 부지의 임료 상당액은 이를 반환할 의무가 있다.

5 기 타

(1) 지상물의 소유자만이 매수청구권을 행사할 수 있다. 따라서 건물을 신축한 토지임차인이 임대차기간이 만료하기 전에 그 건물을 타인에게 양도한 경우에는 임차인은 지상물매수청구권을 행사할 수 없다.

(2) 지상물매수청구권의 상대방은 임차권 소멸 당시의 임대인이다. 임차권 소멸 후 그 토지가 제3자에게 양도된 경우에도 그 임차권이 대항력이 있는 경우에는 제3자(신소유자)에게도 지상물매수청구권을 행사할 수 있다.

(3) 제643조의 규정은 편면적 강행규정이다. 임차인에게 불리한 약정은 무효이다.

(4) 지상물매수청구권은 건물임차인에게 인정되는 권리이지, 토지임차인에게는 인정되지 않는다.

13 도 급

1 의 의

> 제664조【도급의 의의】도급은 당사자 일방이 어느 일을 완성할 것을 약정하고 상대방이 그 일의 결과에 대하여 보수를 지급할 것을 약정함으로써 그 효력이 생긴다.

2 보수지급시기

> 제665조【보수의 지급시기】① 보수는 그 완성된 목적물의 인도와 동시에 지급하여야 한다. 그러나 목적물의 인도를 요하지 아니하는 경우에는 그 일을 완성한 후 지체 없이 지급하여야 한다.
> ② 전항의 보수에 관하여는 제656조 제2항의 규정을 준용한다.

3 완성된 목적물의 소유권의 귀속

관련판례

1. 수급인이 자기의 노력과 출재로 건축 중이거나 완성된 건물의 소유권은 도급인과 수급인 사이의 특약에 의하여 달리 정하거나 기타 특별한 사정이 없는 한, 도급인이 약정에 따른 건축공사비 등을 청산하여 소유권을 취득하기 이전에는 수급인의 소유에 속한다(대판 2011.8.25, 2009다67443).

2. 수급인이 자기의 노력과 재료를 들여 건물을 완성하더라도 도급인과 수급인 사이의 도급인 명의로 건축허가를 받아 소유권보존등기를 하기로 하는 등 완성된 건물의 소유권을 도급인에게 귀속시키기로 합의한 것으로 보일 경우에 그 건물의 소유권은 도급인에게 원시적으로 귀속된다(대판 1997.5.30, 97다8601).

4 수급인의 담보책임

제667조 【수급인의 담보책임】 ① 완성된 목적물 또는 완성 전의 성취된 부분에 하자가 있는 때에는 도급인은 수급인에 대하여 상당한 기간을 정하여 그 하자의 보수를 청구할 수 있다. 그러나 하자가 중요하지 아니한 경우에 그 보수에 과다한 비용을 요할 때에는 그러하지 아니하다.
② 도급인은 하자의 보수에 가름하여 또는 보수와 함께 손해배상을 청구할 수 있다.
③ 전항의 경우에는 제536조의 규정을 준용한다.

제668조 【동전 - 도급인의 해제권】 도급인이 완성된 목적물의 하자로 인하여 계약의 목적을 달성할 수 없는 때에는 계약을 해제할 수 있다. 그러나 건물 기타 토지의 공작물에 대하여는 그러하지 아니하다.

제669조 【동전 - 하자가 도급인의 제공한 재료 또는 지시에 기인한 경우의 면책】 전 2조의 규정은 목적물의 하자가 도급인이 제공한 재료의 성질 또는 도급인의 지시에 기인한 때에는 적용하지 아니한다. 그러나 수급인이 그 재료 또는 지시의 부적당함을 알고 도급인에게 고지하지 아니한 때에는 그러하지 아니하다.

제670조 【담보책임의 존속기간】 ① 전 3조의 규정에 의한 하자의 보수, 손해배상의 청구 및 계약의 해제는 목적물의 인도를 받은 날로부터 1년 내에 하여야 한다.
② 목적물의 인도를 요하지 아니하는 경우에는 전항의 기간은 일의 종료한 날로부터 기산한다.

제671조 【수급인의 담보책임 - 토지, 건물 등에 대한 특칙】 ① 토지, 건물 기타 공작물의 수급인은 목적물 또는 지반공사의 하자에 대하여 인도 후 5년간 담보의 책임이 있다. 그러나 목적물이 석조, 석회조, 연와조, 금속 기타 이와 유사한 재료로 조성된 것인 때에는 그 기간을 10년으로 한다.
② 전항의 하자로 인하여 목적물이 멸실 또는 훼손된 때에는 도급인은 그 멸실 또는 훼손된 날로부터 1년 내에 제667조의 권리를 행사하여야 한다.

(1) 법적 성질

수급인의 담보책임은 무과실책임이다. 다만, 판례는 과실상계의 법리를 유추적용한다.

(2) 담보책임의 내용

① 하자보수청구권

② 손해배상청구권

③ 계약해제권

5 기타 중요조문

제666조【수급인의 목적부동산에 대한 저당권설정청구권】 부동산공사의 수급인은 전조의 보수에 관한 채권을 담보하기 위하여 그 부동산을 목적으로 한 저당권의 설정을 청구할 수 있다.

제673조【완성 전의 도급인의 해제권】 수급인이 일을 완성하기 전에는 도급인은 손해를 배상하고 계약을 해제할 수 있다.

제674조【도급인의 파산과 해제권】 ① 도급인이 파산선고를 받은 때에는 수급인 또는 파산관재인은 계약을 해제할 수 있다. 이 경우에는 수급인은 일의 완성된 부분에 대한 보수 및 보수에 포함되지 아니한 비용에 대하여 파산재단의 배당에 가입할 수 있다.

② 전항의 경우에는 각 당사자는 상대방에 대하여 계약해제로 인한 손해의 배상을 청구하지 못한다.

2024 제27회 시험대비 전면개정판

박문각 주택관리사 핵심요약집 1차 민 법

초판인쇄 | 2024. 4. 10.　**초판발행** | 2024. 4. 15.　**편저** | 설신재 외 박문각 주택관리연구소
발행인 | 박 용　**발행처** | (주)박문각출판　**등록** | 2015년 4월 29일 제2015-000104호
주소 | 06654 서울시 서초구 효령로 283 서경 B/D 4층　**팩스** | (02)584-2927
전화 | 교재 주문 (02)6466-7202, 동영상문의 (02)6466-7201

판 권
본 사
소 유

정가 14,000원

ISBN 979-11-6987-966-8　|　ISBN 979-11-6987-963-7(1차 세트)